Klaus Kordon
Brüder wie Freunde

Klaus Kordon

Brüder wie Freunde

Roman für Kinder

BELTZ
& Gelberg

Klaus Kordon, geboren 1943 in Berlin, war Transport- und Lagerarbeiter, studierte Volkswirtschaft und unternahm als Exportkaufmann Reisen nach Afrika und Asien, insbesondere nach Indien. Heute lebt er als freier Schriftsteller in Berlin.
Im Programm Beltz & Gelberg erschienen u. a.:
»Ein Trümmersommer«
»Die Reise zur Wunderinsel«
»Die roten Matrosen oder Ein vergessener Winter«
(Zürcher Kinderbuchpreis »La vache qui lit«, Preis der Leseratten)
»Frank guck in die Luft«
»Monsun oder der weiße Tiger« (Friedrich-Gerstäcker-Preis, Preis der Leseratten)
»Wie Spucke im Sand« (Auswahlliste Deutscher Jugendliteraturpreis, Preis der Ausländerbeauftragten des Senats der Stadt Berlin, Jenny Smelik/IBBY Preis, Silberner Griffel)
»Mit dem Rücken zur Wand«

Der vorliegende Roman erschien erstmals 1978 und wurde für diese Ausgabe vom Autor neu durchgesehen.
In Folge erschienen die beiden Romane »Tage wie Jahre« und »Einer wie Frank«, die als Gulliver-Taschenbuch lieferbar sind.

»Kinderbibliothek«

Programm Beltz & Gelberg

Einband- und Reihengestaltung von Wolfgang Rudelius
unter Verwendung einer Illustration von Wolfgang Rudelius
Gesamtherstellung Druckhaus Beltz, 6944 Hemsbach
Printed in Germany
ISBN 3 407 79512 2

Ein tolles Fest

Burkhard geht langsam durch das kniehohe Gras. Frank folgt ihm, den Kopf gesenkt, die Hände in den Hosentaschen. Nur ab und zu blickt er hoch, um zu sehen, ob sich Burkies Laune inzwischen etwas gebessert hat. Doch Burkhards zerschrammtes Gesicht bleibt verschlossen.

Frank hat sich blamiert, ist ein miserabler Torwart. Fünf Schüsse hat er durchgelassen, fünf Tore, die aus einem 5:1 Vorsprung einen 5:6 Rückstand machten. Aber das war noch nicht alles: Als der dicke Fritze ihm vor Ärger über die Niederlage den Ball an den Kopf warf, stürzte Burkie sich auf Fritze, und die beiden großen Jungen kugelten durch das Gras, bis Fritze die Oberhand gewann und sich mit seinem ganzen Gewicht auf Burkies Brust setzte. Und dann hämmerte der großgewachsene, kräftige Junge mit beiden Fäusten auf den Bruder ein. Frank spürt noch die Angst, die er um Burkie hatte. Diese Angst war es, die ihn dazu trieb, eines der vielen auf der Wiese herumliegenden Bretter aufzuheben und es auf Fritzes Kopf niedersausen zu lassen. Hinterher wußte er vor Schreck nicht, was er machen sollte. Doch er hatte großes Glück – auf Fritzes Hinterkopf bildete sich nur eine Beule; es war kein Blut zu sehen.

Ein vollbeladener Lastwagen donnert über die Prenzlauer Allee. Es ist sehr heiß, viel zu heiß für Mitte Mai. Auf dem Teerbelag der Straße zeichnen sich dicke Reifenspuren ab. Frank fischt einen Nagel aus seiner Hosentasche und drückt ihn in den von der Hitze weich gewordenen Teer. Es geht ganz leicht.

Burkhard schaut nur zu. Nach dem Schlag auf Fritzes Hinterkopf war die Prügelei vorbei, aber richtig fand der Bruder nicht, was Frank da zu seinem Schutz getan hatte.

An der Ecke Raumerstraße dringt Stimmengewirr aus der weit offenstehenden Tür einer Gaststätte. Es ist eine typische Berliner Eckkneipe. Rechts und links neben dem Eingang sind zwei Glastafeln angebracht, auf denen jeweils ein blondgelockter Junge aus einem riesigen Bierkrug schaut. Über dem Eingang ist eine ähnliche Tafel befestigt. *Zur gemütlichen Ecke* steht dort und darunter, etwas kleiner, *Lisa Gaspard.*

Die *Gemütliche Ecke* gehört der Mutter von Frank und Burkhard. Deshalb steckt Frank jetzt seinen Kopf zur Tür hinein und fragt, wann es Mittagessen gibt. »Frühestens in einer Stunde«, bekommt er von der Mutter zur Antwort, die im weißen Kittel hinter der Theke steht und gerade Bier zapft.

Eine Stunde ist Frank zu lange, also fragt er weiter, ob Burkie und er sich beim Bäcker Salzstangen holen dürfen.

»Wenn ihr's sonst nicht aushaltet.« Die Mutter nickt, obwohl sie mit ihren Gedanken schon wieder ganz woanders ist.

Die Aussicht auf Salzstangen freut Frank, Burkhard aber geht nur seinetwegen mit und steht dann gelangweilt vor dem Schaufenster der Bäckerei herum, in dem nur wenige Brote und Brötchen, ein Hefekuchen und eine Cremetorte ausgestellt sind.

Genießerisch läßt Frank den Blick schweifen. Auf der Torte tummeln sich ein paar Bienen. Eine davon dreht sich wie ein Brummkreisel.

Auch Burkie hat den Brummkreisel entdeckt. »Vielleicht

ist Schnaps in der Torte«, sagt er und muß nun doch grinsen. Doch er wird schnell wieder ernst: Die Tür zur Bäckerei wird geöffnet, und heraus tritt ein Mädchen in kariertem Kleid – Moni, die in Burkhards Klasse geht und in der weihnachtlichen Märchenaufführung der Schule die Prinzessin spielte. Verlegen streicht der Bruder sich das Haar aus der verschwitzten Stirn. Früher, als Moni und Burkhard noch ziemlich klein waren, mitten im Krieg, wenn Bombenalarm war, hatten die beiden oft miteinander gespielt, weiß Frank von Tante Lucie. Mit vielen anderen Menschen aus ihrer Straße hatten sie damals im Luftschutzkeller gesessen, und die Leute hatten trotz ihrer Angst vor den Bomben Scherze über Burkie und Moni gemacht und gesagt: »Die werden bestimmt mal ein Paar.«

Moni guckt Burkhard nur kurz an, dann geht sie ohne was zu sagen an den beiden Jungen vorüber. Der große Bruder sieht ihr noch einen Augenblick lang nach, bis er Franks verwunderten Blick bemerkt. Unsanft schiebt er ihn in den Bäckerladen. »Jeder zwei Salzstangen, mehr gibt's nicht. Haste verstanden?«

»Nee«, sagt Frank beleidigt.

In der Bäckerei riecht es nach frischem Brot, ein Geruch, den Frank sehr liebt, genauso wie die Spiegel an den Wänden, in denen sich die Brotregale so oft widerspiegeln, als wäre der kleine Laden ein riesiges Brotlager. Er mag überhaupt alles, was mit Essen zu tun hat. Die Mutter schimpft deshalb oft mit ihm, nennt ihn einen Freßsack. Zum Glück denkt Tante Lucie da ganz anders. »Laß den Jungen essen, Lisa«, sagt sie oft. »In Hungerzeigen gibt's nichts Gesünderes als einen satten Bauch.«

Frank und Burkhard müssen nicht bezahlen, die freundliche Frau Wetzel schreibt an. Wenn Mutter oder Tante Lucie das nächstemal bei ihr einkaufen, werden sie die achtundvierzig Pfennig mitbezahlen.

Es ist brütend heiß in der Sonne. Mit ihren Salzstangen in den Händen sitzen Frank und Burkhard auf dem fast schon glühenden Rinnstein und behalten die Straße im Auge. Doch es gibt nichts Aufregendes zu sehen, längst ist Mittagszeit; gleich werden alle Geschäfte geschlossen haben. Die einzige Abwechslung ist es, wenn ein Gast aus der mit Ventilatoren gekühlten *Gemütlichen Ecke* in die Sonnenglut hinaustritt und wie vom Hitzschlag getroffen zusammenzuckt.

»Da! Wieder einer!« Frank freut sich so sehr, daß er sich beim Kauen verschluckt und laut husten muß.

Hinter einer großen Schaufensterscheibe auf der gegenüberliegenden Straßenseite sitzt Herr Modersohn an der Nähmaschine und droht Frank mit dem Finger. Das macht der kleine Schneidermeister oft, wenn er Frank sieht, egal ob der was angestellt hat oder nicht. Diese »Drohung« ist nur ein Scherz oder eine Vorsichtsmaßnahme. »Mach ja keinen Mist, Freundchen!« soll das heißen, oder: »Einer wie du, scheint mir, ist zu allem fähig.«

Frank winkt nur mit seiner Salzstange, Burkhard wird gleich wieder etwas ernster. Der kleine Schneidermeister guckt immer auf die Straße hinaus, egal ob er gerade näht, bügelt oder einen Stoff absteckt. Die Jungen in der Straße nennen ihn deshalb nur den »Fenstergucker«, obwohl sie längst wissen, weshalb der kleine Schneidermeister so gern auf die Straße hinausschaut: Herr Modersohn ist Jude. In der Zeit, als die

Juden verfolgt wurden, hatte seine Frau ihn im Keller versteckt – über drei Jahre lang! Da hatte Herr Modersohn lange Zeit nicht einen einzigen Schimmer Tageslicht sehen können.

Frank weiß von dieser Zeit nichts mehr. Als der Krieg zu Ende ging, war er erst zwei Jahre alt. Burkhard jedoch erinnert sich noch daran und erzählte ihm mal, daß damals die Hitler-Leute regierten, die alle Juden einsperren und die meisten von ihnen sogar umbringen ließen. Und wer Juden versteckte oder ihnen auf andere Weise half, wurde auch eingesperrt oder umgebracht. Frau Modersohn hatte also in all den Jahren, in denen sie ihren Mann versteckte, jeden Tag ihr Leben riskiert. Und damit nicht herauskam, daß ihr Mann im Keller saß, hatte sie überall herumerzählt, er sei ins Ausland geflohen, und sich später sogar von ihm scheiden lassen. Einige Leute im Haus, die ja nichts von dem Kellerversteck wußten, sollen ihr das damals sehr übelgenommen haben. Als dann aber der Krieg vorüber war und es keinen Hitler mehr gab und Herr Modersohn zwar sehr bleich, aber doch lebendig aus seinem Versteck wieder auftauchte, sollen sie die Augen aufgerissen haben: Drei Jahre im Keller? Und sie hatten nichts davon bemerkt? Und Frau Modersohn hatte ihren Mann nicht verraten, sondern ihm das Leben gerettet? – Da sollen sich dann einige sehr geschämt und Modersohns gleich versichert haben, daß sie in Wahrheit nie etwas gegen die Juden gehabt hätten. Sie hätten sich nur nicht getraut, sich diesem Hitler und seinen Leuten zu widersetzen.

Der kleine Schneidermeister nahm den Leuten im Haus ihre Angst nicht übel. »Besser im Keller schmoren als für Hitler fallen«, soll er gesagt haben. Und damit meinte er all die Männer, die wie Franks Vater für Hitler in den Krieg ziehen mußten und nicht wiedergekommen waren.

Nicht lange danach haben die Schneidersleute wieder geheiratet – in der *Gemütlichen Ecke*. Alle, die kommen wollten, durften kommen. Und obwohl es zu dieser Zeit kaum etwas zu essen gab, soll es ein tolles Fest gewesen sein, wie Burkie oft erzählt, ein Fest mit viel Musik und guter Laune.

Die Salzstangen sind aufgegessen. Frank zieht einen Spiegel aus der Hosentasche, fängt damit die Sonne ein und wirft den Lichtpunkt an die gegenüberliegende Häuserwand. Der Punkt wandert von Fenster zu Fenster. Im vierten Stock ist er nur noch ganz schwach zu erkennen, dort verharrt er. Hinter diesen Fenstern wohnt Peter Hammerstein, Franks bester Freund. Burkie mag Peter nicht, Frank aber ist oft bei ihm oben. Sie gehen beide in dieselbe Klasse, obwohl Peter fast zwei Jahre älter ist. Hammersteins sind Flüchtlinge, und Peter ist nicht nur ein Jahr zu spät eingeschult worden, sondern auch gleich in der ersten Klasse das erstemal sitzengeblieben.

Auch über die Flüchtlinge weiß Frank nicht allzuviel. Die Mutter hat ihm nur erzählt, daß man sie aus ihren Häusern vertrieben hat, damals, als der Krieg verloren war. Peter kam aus Pommern nach Berlin. Pommern aber kennt Frank aus einem Lied:

Maikäfer flieg,
dein Vater ist im Krieg,
deine Mutter ist in Pommerland,
Pommerland ist abgebrannt,
Maikäfer flieg!

Frank hat schon oft versucht, sich dieses Pommerland vorzustellen, und dann sah er jedesmal ein sehr graues, sehr flaches, düsteres, »abgebranntes« Märchenland vor sich, das er lieber nicht näher kennenlernen wollte. Daß dieses Land mal zu Deutschland gehört haben soll, erscheint ihm sehr unglaubhaft.

Der Lichtpunkt gleitet die Fassade wieder herab, bis er den kleinen Lebensmittelladen erreicht hat, der den Eltern von Gisela und Hotte gehört. Hotte ist Burkies bester Freund, und mit Gisela spielt Frank oft. Der Vater der beiden hatte Glück, kam heil aus dem Krieg zurück und verkauft nun wieder Mehl und Zucker, Milch und Bonbons, Brausepulver und Fondantkonfekt. Jetzt aber hat der Laden bereits geschlossen.

Schnell wandert der Lichtpunkt wieder etwas höher und huscht im ersten Stock an einem Balkon entlang. Auf der Balkontür verharrt er. Im Zimmer dahinter schlafen Burkhard und Frank, der Balkon ist ihr Balkon. Mutter und Tante Lucie schlafen lieber im Hinterzimmer der Gaststätte. Die beiden Frauen haben Angst, daß mal in der *Gemütlichen Ecke* eingebrochen werden könnte; sie wollen aufpassen.

Weiter wandert der Punkt an Fenstern und Balkonen entlang, bis er wieder tiefer sinkt und in Herrn Modersohns Schaufensterscheibe hineinfährt. Kichernd läßt Frank den hellen Fleck Herrn Modersohns rundes Gesicht umkreisen.

Der kleine Schneidermeister verzieht keine Miene, guckt nur starr zu Frank und Burkhard hin. Dann hebt er plötzlich die Faust und ruft irgend etwas. Sicher »Rotzjören, verdammte!« So nennt Herr Modersohn sie meistens, wenn er mit ihnen schimpft. Hinterher bläst er dann immer voller Vergnügen die Backen auf, so wie auch jetzt.

Onkel Willi kommt

Die Mutter steht an der Kasse und rechnet. Die Brille ist ihr auf die Nasenspitze herabgerutscht. Sie braucht sie nur zum Schreiben oder Lesen. Als sie fertig ist, steckt sie »das Ding, das sie alt macht«, wie sie die Brille immer nennt, in die Brusttasche ihres Kittels und sieht den beiden Jungen nachdenklich entgegen.

Die Mutter ist noch nicht alt, aber auch nicht mehr jung, wird bald fünfundvierzig. Graue Haare hat sie aber noch nicht. Ihr Haar ist braun und leicht gewellt. Sie ist nicht »schön«, für Frank jedoch gibt es keine freundlichere Frau als seine Mutter. Doch das sagen alle, nicht nur er. »Von meiner Freundlichkeit leben wir«, sagt die Mutter oft, und damit hat sie recht. Welcher Gast kehrt schon gern bei einer unfreundlichen Wirtin ein?

Burkhard geht gleich an die Theke und füllt zwei große Gläser Sprudel ab. Waldmeister ist im Faß, herrlich grün und nicht so süß. Frank nimmt eines der beiden Gläser und trinkt in tiefen Zügen. Die Mutter zupft ihm währenddessen mal hier, mal da was zurecht, sagt aber nichts, denkt immer noch nach.

»Warst du in der Wäscherei?« fragt Burkie. Mutters Kittel ist nicht nur blütenweiß, er ist auch noch ganz steif.

»Tante Lucie ist hingegangen. Du warst ja nirgends zu finden.«

»Jetzt bin ich doch da.« Der Bruder nimmt sein Glas, trägt es an den Stammtisch und setzt sich direkt unter den Lötkolben mit der verzierten Aufschrift *Komm, laß uns noch einen verlöten!* Über das Glas hinweg guckt er Frank an. Halt bloß die Klappe! besagt sein Blick. Er will nicht, daß Frank von der Prügelei erzählt. Es genügt, daß die Mutter ihm anfangs nicht die Erlaubnis geben wollte, in einen Fußballverein einzutreten. Sport ist Mord, sagt sie immer, und auf die Fußballspielerei schimpft sie besonders oft. Womöglich glaubt sie noch, Fußballspieler wären Schläger.

Die Mutter setzt sich zu Burkhard und Frank und sieht zu, wie die beiden Jungen trinken. Dann legt sie auf einmal die Hände zusammen, wird ganz verlegen und sagt: »Ich muß mit euch reden. Über Onkel Willi.«

Onkel Willi ist der Mann in der Eisenbahneruniform, der seit einiger Zeit in der *Gemütlichen Ecke* verkehrt. Er trägt ein sehr kurzgestutztes Bärtchen auf der Oberlippe, das wie eine dicke, fette Fliege aussieht. Wenn er grinst, zieht sich das Bärtchen in die Breite. Das sieht dann jedesmal aus, als ob der Brummer startet. Von Beruf ist Onkel Willi Rangierer bei der Reichsbahn, hauptsächlich aber ist er ein »Organisierer«. Er organisiert, was es nicht zu kaufen gibt. Obwohl der Krieg nun schon fünf Jahre zurückliegt, fehlt es den Menschen noch immer an den einfachsten Dingen. Onkel Willi weiß, wie man an diese Dinge herankommt. Er hat Beziehungen, und er kennt sich aus auf dem »Schwarzen Markt«, den Frank noch nie gesehen hat, den es aber immer noch geben soll. Auf diesem »Markt« kann man alles kaufen, man muß nur sehr viel Geld dafür bezahlen. Oder man muß tauschen: Zigaretten gegen Butter, Wolldecken gegen Porzellan, Brot gegen Schnaps. Onkel Willi ist ein Fachmann im Organisieren. Wer bei ihm bestellt, wird prompt beliefert. Speck und Wurst und Marmelade liefert er, und manchmal auch eine Rolle Drops – extra für Frank.

»Was ist denn mit Onkel Willi?« Burkie mag Onkel Willi nicht. Schon bei der bloßen Erwähnung von Onkel Willis Namen hat er mißtrauisch die Augenbrauen hochgezogen.

»Onkel Willi und ich ... wir wollen heiraten.«

Der Bruder stellt sein Glas hin. »Wie bitte?«

Die Mutter hebt den Kopf und schaut Burkhard ernst an. »Wir wollen heiraten. Bist du schwerhörig?«

Burkhard guckt, als könne er immer noch nicht glauben, was die Mutter da eben gesagt hat. Dann stößt er heftig aus: »Wenn du den heiratest, haue ich ab. Damit du's nur weißt!«

Das hat die Mutter nicht erwartet. »Aber Burkhard! Onkel Willi ist doch kein schlechter Mensch. Wie kannst du so was sagen?«

»Kein schlechter Mensch?« Der Bruder bekommt rote Flekken im Gesicht. »Ein ganz Ausgekochter ist das, der will nur die Kneipe.«

Die Mutter verliert die Geduld, will Burkhard packen und ihm eine runterhauen. Der Bruder duckt sich und läuft quer durch die Gaststube in den dahinterliegenden Wohnraum. Frank guckt die Mutter verständnislos an, dann läuft er hinter Burkie her. Und auch die Mutter kommt ins Hinterzimmer, um noch mal mit Burkhard zu reden. Der Bruder aber schreit: »Über den rede ich nicht. Mit dem will ich nichts zu tun haben. Das ist ein altes Ekel.«

Wieder will die Mutter Burkie packen, und wieder läuft er vor ihr weg, immer rund um den großen Wohnzimmertisch herum. Frank vergißt den Anlaß dieser Verfolgungsjagd, springt auf die Couch und feuert den großen Bruder an. Da bricht die Mutter die Jagd ab, bekommt Frank zu fassen und versetzt ihm die Burkhard zugedachte Ohrfeige. Danach sieht sie ihn erschrocken an. »Tut mir leid! Das wollte ich nicht.«

Frank hält sich die Backe und ist sich über seine Gefühle nicht im klaren: Soll er weinen, weil er ungerecht behandelt wurde? Oder soll er sich schämen, weil er für den Bruder und damit gegen die Mutter war?

Burkhard nimmt ihm die Entscheidung ab. »Heul nicht! Daran wirste dich gewöhnen müssen, wenn dieser Buffke erst bei uns eingezogen ist.«

»Wieso Buffke? Er heißt Meisel.« Die Mutter guckt verwirrt.

»Buffke paßt. Den kann man gar nicht anders nennen, so ausgebufft ist der.«

Da senkt die Mutter nur traurig den Blick und geht. Leise schließt sie die Tür hinter sich. Frank möchte ihr nach, doch der Bruder hält ihn fest. »Wir dürfen jetzt nicht weich werden. Ist der erst einmal bei uns, werden wir ihn nie wieder los.«

»Warum willste ihn denn unbedingt loswerden?« Frank hat gegen Onkel Willi nichts einzuwenden. Wenn der weiterhin Drops, Wurst und Speck anschleppte, durfte er ruhig kommen.

Burkhard antwortet nichts. Er öffnet nur still das Fenster, setzt sich aufs Fensterbrett und schaut auf die sonnenüberflutete Straße hinaus. Frank wartet noch einen Moment, dann verzieht er sich erst mal auf die Couch. Jetzt darf er Burkie nicht stören, das weiß er aus Erfahrung.

Tante Lucie kommt ins Hinterzimmer. Sie stellt die Teller mit dem Essen auf den Tisch, seufzt und putzt sich, wie immer, wenn sie nervös ist, erst mal umständlich die Brille.

»Na, hat sie's euch gesag?«

Burkie knurrt nur irgendwas Unverständliches. Er hat noch immer keine Lust, den Mund aufzumachen. Dann aber steht er plötzlich auf und setzt sich an den Tisch. Kaum sitzt er, läßt er seine Wut an der Suppe aus. »Schon wieder diese Scheiß-Grütze«, schimpft er und knallt den Löffel in den Teller, daß es spritzt.

Tante Lucie blickt ihn über ihre dicken Brillengläser hinweg streng an. Es soll ein zurechtweisender, vorwurfsvoller Blick sein, doch ihre Augen verraten nur ihre Hilflosigkeit. »Ich werde gehen«, sagt sie leise. »Wenn euer neuer Vater kommt, bin ich zuviel an Bord. Ich hab schon mit Tante Gertrud gesprochen. Ich... ich zieh dann zu ihr.« Ihre Augen werden feucht, sie kramt ihr Taschentuch hervor und trompetet hinein.

Burkie läßt den Löffel sinken, und auch Frank vergeht der Appetit. Tante Lucie will sie verlassen? Und nur, weil Onkel Willi kommt? Das ist schlimm, das tut weh. Und ganz besonders natürlich Burkie. Tante Lucie ist ja eigentlich nur seine Tante; Burkies Vater war ihr Bruder. Nur sie kann ihm von jener Zeit erzählen, als sein Vater noch ein Kind war. Sie tut das auch sehr gern, weil sie möchte, daß Burkie, der seinem Vater so ähnlich sieht, wie die Bilder im Fotoalbum beweisen, seinen Vater nicht vergißt. Frank ärgert diese Innigkeit der beiden »Scholzen« oft. Wenn sie zusammensitzen und tuscheln, als hätten sie jede Menge Geheimnisse miteinander, ist Burkie manchmal so albern wie einer aus dem Kindergarten, dann ist er gar nicht mehr der große Bruder. Vor allen Dingen aber ärgert es Frank, daß Tante Lucie über seinen Vater längst nicht so viele schöne Dinge zu berichten weiß.

»Ihr dürft nicht etwa denken, daß ich mich beschwere. Um Himmels willen! Nein!« Die Tante schüttelt heftig den Kopf. »Eure Mutter ist ja noch jung. Soll sie etwa bis ans Ende ihres Lebens mit mir alter Schachtel zusammenglucken? Wo sie ja auch noch die Kneipe am Hals hat?«

Die Mutter wurde schon oft gefragt, weshalb sie denn nicht wieder heiratet. Aber muß Tante Lucie wirklich gehen, nur weil Onkel Willi kommt? Frank versteht das alles nicht so richtig, doch er kann sich denken, daß es für Tante Lucie sehr, sehr schwer sein muß, sie zu verlassen – wo sie doch nun schon seit über zehn Jahren bei ihnen lebt.

»Nein!« Tante Lucie bekreuzigt sich schnell. »Was Lisa tut, ist richtig. Auch für euch. Ihr braucht endlich wieder einen Vater, und in die Gaststätte gehört ein Mann.«

»Ach nee!« Burkie schiebt seinen Teller so heftig von sich fort, daß ein wenig von der Grützsuppe überschwappt.

»Burkhard!« Tante Lucie versucht erneut einen strengen Blick und geht, als er ihr wieder mißlingt, lieber in die Küche zurück.

»Der und ich, das geht nicht gut!« Der Bruder nimmt den Zettel mit den Aufträgen vom Büfett, den die Mutter jeden Tag dort für ihn hinlegt, überfliegt das Papier, knüllt es zusammen und wirft es in die Ofenecke. »Soll sie doch ihrem lieben Willi Zettel schreiben«, sagt er böse. Dann sitzt er noch eine Zeitlang stumm da und steht schließlich auf. »Ich geh zum Training. Hotte wartet schon.«

Hotte wartet nicht. Hotte wartet nie, Burkie ist immer vor ihm da. Und die Zettel mit den Aufträgen waren bisher sein ganzer Stolz, weil sie ihn zum »Mann im Haus« machten. Frank hätte auch gerne jeden Tag einen solchen Zettel vorgefunden, er hätte auch gern bewiesen, daß er ein »Mann« ist. Aber niemand forderte ihn je auf, Nägel einzuschlagen, Stühle zu leimen oder Steckdosen zu reparieren. Dabei könnte er das, so oft hat er zugesehen, wenn der Bruder mit dem Zettel in der Hand seinen Rundgang machte. Sogar für den Bierkeller ist Burkie verantwortlich. Er muß die leeren Bierfässer von der Leitung nehmen und die vollen »anstecken«. Mutter und Tante Lucie sind jedesmal sehr froh, wenn sie sich damit nicht abzuquälen brauchen, und loben den Bruder in den höchsten Tönen. Er, Frank, wird nur gelobt, wenn er möglichst wenig stört.

Ist Burkie vielleicht nur deshalb so ärgerlich, weil nun bald Onkel Willi der Mann im Haus sein wird? Tante Lucie hat es ja gesagt: In die Gaststätte gehört ein Mann, und damit meinte sie einen richtigen Mann, keinen großen Jungen, der nur einen Mann ersetzt. Wenn aber Onkel Willi der neue Mann im Haus ist, wird Burkie auch nur noch gelobt, wenn er sein Essen aufgegessen hat oder sein Scheitel geradesitzt. Das kann ihm ja nicht gefallen.

Die Tür fliegt zu, Burkhard ist gegangen. Frank löffelt still weiter. So ist Burkie nun mal: Wenn ihm irgendwas nicht paßt, haut er ab. Doch wenn Onkel Willi wirklich kommt, was macht er dann? Immer kann er ja nicht weggehen.

Gestohlene Väter

Frank hat seinen Teller leer gegessen und danach auch Burkies. Er steht auf, geht zum Kalender über dem Büfett und reißt das Kalenderblatt ab. Heute ist Mittwoch, der 17. Mai 1950, nicht Dienstag, der 16. Mai. Dienstag war gestern. Er knüllt das Blatt zusammen, wirft es zu Burkies Zettel in die Ofenecke und legt sich auf die Couch. Erst die beiden Salzstangen, nun die beiden Teller Grütze; er ist so voll, als hätte ihm jemand den Bauch aufgepumpt.

Das mit Tante Lucie versteht er immer noch nicht. Weshalb muß sie denn weggehen, nur weil Onkel Willi kommt? Vertragen sich die beiden nicht?

Erwachsene sind schwer zu verstehen, sie sagen einem immer nur die Hälfte. Und Burkie ist auch schon so ein halber Erwachsener. Wie wütend er war! Richtig giftig. Aber daran will Frank jetzt nicht mehr denken, er möchte jetzt träumen. Er träumt gern mit offenen Augen. Jeden Abend, bevor er einschläft, träumt er was. Mal träumt er, daß er auf einem Wunderpferd durch die Lüfte fliegt, ein andermal sind Burkie und er große Fußballspieler, die in einem Spiel zehn Tore schießen. Oder er ist ein Ritter, der siebenköpfige Drachen besiegt. Manchmal aber träumt er auch am Tage, auf der Nordmarkplatz-Wiese oder auf der Couch – so wie jetzt. Die Mutter und Burkie nennen ihn deshalb oft »Frank guck in die Luft«. Doch das macht ihm nichts aus, er träumt trotzdem gern. Oder er erinnert sich – an etwas, das er erlebt hat oder was ihm erzählt wurde.

An eine Geschichte denkt er besonders gern. Es war am Tag vor Nikolaus, der Krieg war zwar schon vor über zwei Jahren zu Ende gegangen, aber nun bedrohten Hunger und Kälte die Menschen. Von Weihnachtsvorfreude war nicht viel zu spüren. Mutter und Tante Lucie aber wollten Burkie und ihm trotzdem eine Freude machen und brieten in der abgeschlossenen Küche Kartoffelpuffer aus geriebenen Kartoffelschalen. Sie taten sehr wichtig und scheuchten Burkie und ihn ins Bett. Burkie und er schliefen damals noch in dem Zimmer hinter der Gaststube, der Duft aus der Küche stieg ihnen in die Nase, und sie konnten lange nicht einschlafen. Als die Mutter dann endlich kam und ihnen die in Butterbrotpapier gewickelten Puffer in die Schuhe schob, schlief Burkie schon, er aber war noch wach. Die warmen Puffer dufteten zu ihm hoch und kribbelten in der Nase, als bäten sie, möglichst bald aufgegessen zu werden. Und da stand er auf und verschlang heißhungrig die Kartoffelpuffer, die in seinen Schuhen steckten.

Am Nikolausmorgen wickelte Burkie dann voller Vorfreude seine Puffer aus. Sie waren inzwischen kalt geworden, aber sie dufteten immer noch. Frank lag im Bett und rührte sich nicht. Burkie bemerkte die Stille und fragte: »Schon aufgefuttert?« Da konnte er nicht anders und schluchzte in die Bettdecke hinein.

»Wann?«

»Gestern abend.«

Burkie dachte nach. Frank sah, wie der große Bruder mit sich kämpfte, und wagte keinen Muckser. Burkie würde doch nicht... Doch! Er steckte ihm seine Puffer in die Schuhe und ging, ohne sich noch einmal umzudrehen, aus dem Zimmer.

Frank lächelte still vor sich hin. Es geniert ihn nicht, daß er Burkie damals die Puffer wegfutterte. Er war ja noch sehr klein, kann sich nicht mal mehr daran erinnern, sieht nur alles vor sich, weil es ihm so oft erzählt wurde. Aber die Geschichte freut ihn, weil sie zu Burkie paßt. So streng und abweisend er sich auch manchmal gibt, im Grunde genommen hat er ein Herz aus Butter, wie Tante Lucie immer sagt. Und sie hat recht, bestimmt verzichten nicht alle großen Brüder für ihre kleinen Geschwister auf was zu essen, wenn sie selber Hunger haben. Und erst recht nicht, wenn sie nicht mal richtige Brüder, sondern nur Halbbrüder sind. Burkie und er haben ja nicht die gleichen Väter. Burkies Vater hieß mit Nachnamen Scholz, war Mutters erster Mann und starb früh, weil er furchtbar krank war. Deshalb heißt auch Burkie mit Nachnamen Scholz. Er aber heißt mit Nachnamen Gaspard, wie Mutters zweiter Mann, der im Krieg fiel. Burkie und er sehen sich auch nicht ähnlich. Burkie hat ein schmales Gesicht, ist dunkelblond und nicht besonders groß für seine vierzehn Jahre. Er selbst hat viel hellere Haare, ein breites Gesicht und Sommersprossen über der Nase. Und für seine sieben Jahre ist er auch schon ziemlich groß, fast alle halten ihn für acht oder neun. Aber ob sie sich nun ähnlich sehen oder nicht, ob sie jeder einen anderen Vater haben oder nicht – wenn sie nur zu einer Hälfte Brüder sind, sind sie zur anderen eben Freunde.

Tante Lucie kommt, räumt das Geschirr ab und wischt das Übergeschwappte weg. »Hast du Bauchweh?« fragt sie, als sie Frank auf der Couch liegen sieht.

Frank nickt nur. Er möchte jetzt nicht gestört werden. Nachdenken, träumen, sich erinnern, das kann er nur, wenn er allein ist.

Tante Lucie stellt das Geschirr noch einmal ab, setzt sich zu ihm und streichelt seinen Bauch. »Wenn es nicht besser wird, bringe ich dir etwas Natron.« Und bevor sie dann wieder geht, legt sie Frank noch ein Kissen auf den Bauch, weil Wärme manchmal Wunder tut, wie sie sagt.

Das Kissen auf dem Bauch ist angenehm. Trotzdem ist Frank froh, als er wieder allein ist. Er will jetzt an seinen Vater denken, an den er sich zwar nicht mehr erinnern kann, den es aber doch für ihn gibt, seit voriges Jahr im Frühherbst der Mann mit dem Holzbein unter dem langen, graugrünen Soldatenmantel zur Mutter kam. Er war erst vor kurzem aus der Gefangenschaft entlassen worden und dabeigewesen, als Vater fiel. Bisher war der Vater nur vermißt worden, das hieß, man durfte noch hoffen, daß er wieder heimkehren würde. Jetzt war keine Hoffnung mehr.

Frank erinnert sich noch genau an das spitze, graue Gesicht dieses Mannes und auch daran, wie dankbar und genüßlich »Vaters Kamerad« das Bier trank, das die Mutter ihm hinstellte. Und wie vorsichtig er an der Zigarre zog, die sie ihm dazulegte. Und natürlich auch an das, was er sagte: »Du bist der Frank, was? Dein Vater hat viel von dir erzählt.«

Frank weiß, daß sein Vater ihn nur ein einziges Mal gesehen hat. Es war kurz nach seiner Geburt. Der Vater hatte seinetwegen Urlaub bekommen und mußte durch halb Rußland fahren, um nach Hause zu kommen. Die Mutter hatte ihm oft davon erzählt, wie der Vater sich gleich nach seiner Ankunft mit ihm auf die Couch legte – auf die gleiche Couch, auf der er jetzt liegt –, ihn auf seiner Brust hielt und lange ansah, während er mit seinen Babyhändchen nach den Knöpfen der Uniformjacke griff. Er hatte sich diese

Szene öfter vorgestellt und auf einmal einen Mann vor sich gesehen, den er seither immer wieder sieht und der nun für ihn sein Vater geworden ist. Geholfen haben ihm dabei nur die beiden Fotografien; die einzigen, die es vom Vater gibt.

Die Mutter weinte erst, als der Mann mit dem Holzbein gegangen war. Sein Vater war nun schon der zweite Mann, der ihr wegstarb. Und er weinte dann auch. Das Gefühl, etwas Großes verloren zu haben, bedrückte ihn, auch wenn er nicht genau wußte, was es war.

An diesem Tag begriff er aber noch mehr, nämlich, daß Krieg nicht nur zerstörte Häuser bedeutete, sondern auch gestohlene Väter. Und er verstand zum ersten Mal, was die Mutter damit meinte, wenn sie sagte: »Lieber trocken Brot essen, aber nie wieder Krieg.«

Er mußte damals viel nachdenken, und Burkie erfüllte ihm, um ihn aus seiner Grübelei herauszureißen, seinen allergrößten Wunsch: Er durfte zum ersten Mal ganz alleine den Ofen heizen.

Frank legte sich das Kissen unter den Kopf. Ofenheizen! Er will jetzt ans Ofenheizen denken, an nichts anderes.

Ofenheizen ist spannend. Zuerst legt man Holzspäne in den Ofen, dazu etwas Zeitungspapier. Dann faltet man einen Fidibus, brennt ihn an und hält ihn an das Papier. Wenn dann die Späne lichterloh brennen, werden zwei, drei Holzscheite darübergelegt, und wenn auch die von den Flammen beleckt werden, kommen drei, vier Kohlen dazu. Mehr nicht, mit Kohlen muß man sparsam umgehen. Zuviel Hitze bringt Kopfschmerzen und kostet unnötig viel Geld, weil man ja dann doch nur das Fenster aufreißt. Sind die Kohlen durchgebrannt, müssen beide Klappen geschlossen werden, damit der Ofen richtig heiß wird.

Es ist ein herrliches Gefühl, vor dem Ofen zu sitzen und in die Flammen zu starren, wenn das Holz prasselt und knackt und die Flammen die Kohlen zum Glühen bringen. Und abends sitzt man dann in der Ofenecke, den Rücken an die heißen, grünen Kacheln gelehnt, und spürt die Hitze, die der Ofen ausstrahlt, während man mit Burkie und, wenn sie Zeit hat, auch mit Tante Lucie *66* oder *Mensch ärgere dich nicht* spielt.

Frank richtet sich auf und sieht zum Ofen hinüber. Ein kalter Ofen ist das Ungemütlichste, was es gibt. Er steht auf und öffnet das Fenster.

Sonne! Nichts als Sonne! Noch immer flimmert die Luft vor Hitze.

Das große blaue Haus

Es ist Sonntagnachmittag. Burkhard sitzt über seinem Zeichenblock und zeichnet Fußballszenen: einen Torwart, der sich nach dem Ball streckt, einen Spieler beim Schuß auf das Tor, einen grünen und einen roten Spieler, beide beim Versuch, den Ball zu köpfen. Er gerät dabei in Eifer, immer wieder fällt ihm das Haar in die Stirn, und immer wieder wirft er es mit einem Ruck nach hinten.

Frank schiebt seinen Stuhl neben Burkies und sieht zu. Auch wenn die Figuren, die der Bruder zeichnet, nicht schön sind, irgendwie steckt Leben in ihnen.

Zum Schluß zeichnet Burkie ein Spielfeld, formt weiße und blaue Papierkügelchen und bewegt sie auf dem Zeichenblatt hin und her. Taktik nennt er das und will Frank gerade erklären, was dieses Wort bedeutet, als es plötzlich klingelt und er nur noch das Gesicht verzieht: Onkel Willi ist gekommen – für immer!

Da öffnet sich auch schon die Wohnzimmertür, und sie treten ein: die Mutter in ihrem einzigen festlichen Kleid, dem blaugeblümten, Onkel Willi in der Eisenbahneruniform mit den goldenen Knöpfen. Die Mutter ist dunkelrot vor Aufregung, sie weiß nicht, wo sie die Hände lassen soll. Onkel Willis kleine Augen blicken unsicher, seine Fliege auf der Oberlippe wird unruhig. Zögernd stellt er den kleinen braunen Koffer ab.

»Onkel Willi bleibt jetzt bei uns«, sagt die Mutter endlich. »Nächste Woche gehen wir aufs Standesamt.«

Frank sagt guten Tag und schielt auf die ausgebeulten Taschen der Uniformjacke, doch Drops hat Onkel Willi diesmal nicht dabei. Burkie rührt sich nicht, schiebt nur weiter seine Kügelchen hin und her. Onkel Willi tut, als bemerke er das nicht, und die Mutter zieht ihn schnell weiter. »Wir setzen uns nachher noch zusammen«, vertröstet sie Frank.

»Haste sein Gepäck gesehen?« Burkie schiebt heftig den Zeichenblock beiseite, die Kügelchen verrutschen. »Nichts als 'ne Zahnbürste!«

Wenig später sitzen sie dann alle um den großen Wohnzimmertisch herum: Mutter, Onkel Willi, Tante Lucie, Burkie und Frank. Die Gaststätte ist für zwei Stunden zu. Ein Zettel klebt an der Tür: *Aus familiären Gründen geschlossen.*

Es ist keine lustige Gesellschaft, alle schweigen vor sich hin, und Burkie ißt nichts. Frank übernimmt das dem Bruder zustehende Stück Streuselkuchen, aber auch er bekommt kaum etwas herunter.

Die Mutter stößt Onkel Willi an. Da holt er tief Luft und sagt, daß er die Mutter gern hat, daß sie heiraten werden und daß dann alles besser wird. Die Mutter nickt dazu und muß sich vor Rührung die Nase schneuzen. Hinter dem Taschentuch blickt sie Tante Lucie an.

Auch Tante Lucie hält eine kleine Rede. Sie erklärt, daß sie eine schöne Zeit bei ihnen verbracht hat, daß es jetzt aber etwas eng würde. Außerdem habe die Mutter ja nun Hilfe. Tante Gertrud aber hätte eine Menge am Hals, seit sie den kleinen Murkel habe; deshalb wolle sie nun ihn unter ihre Fittiche nehmen und versuchen, aus ihm einen ebensolchen Prachtkerl zu machen, wie Burkhard und Frank welche wären.

Onkel Willi und die Mutter atmen auf, Tante Lucie guckt starr geradeaus, und Burkie zieht die Stirn kraus. Frank legt sein Stück Kuchen zurück. Nun ist auch ihm der letzte Appetit vergangen.

Dann ist die Kaffeetafel beendet, und Onkel Willi, der die ganz Zeit über recht steif dasaß, freut sich, daß er endlich aufstehen darf. Frank sieht, wie er hinter der Theke erst einmal einen Schnaps trinkt, und stößt Burkie an. »Muß er dafür eigentlich noch bezahlen?«

Burkhard antwortet nicht, sieht nur schweigend zum Fenster hinaus.

Frank stellt sich neben ihn. »Wie war eigentlich mein Vater? Konnteste den besser leiden?«

Burkie überlegt. »Ich kann mich kaum noch an ihn erinnern. Er war ja nur kurz bei uns. Ich weiß nur, daß er oft schlechte Laune hatte. Aber das kam wohl vom Krieg.«

»Wo ist man eigentlich, wenn man tot ist?«

Diese Frage geht Frank schon lange im Kopf herum. Besonders abends, wenn er nicht einschlafen kann. Dann versucht er manchmal sich vorstellen, er wäre tot, wäre gar nicht da, und bekommt Angst davor.

»Unter der Erde. Und zwar ziemlich lange.« Burkie grinst.

»Und das mit dem Himmel ist Quatsch?« Frank ist enttäuscht. Er glaubt, daß sein Vater irgendwo über den Wolken ist und ihn sehen kann. Und er hofft, daß sein Vater mit ihm zufrieden ist, wenn er ihn durch die Straßen spazieren sieht.

»Keine Ahnung. Vielleicht ja, vielleicht nein.«

»Und wenn es einen Himmel gibt, wie sieht er aus?«

Der Bruder antwortet nicht gleich, sieht nur zum Fenster hinaus. Es dämmert bereits, aber am Himmel ist kein Wölkchen zu sehen. »Es wird ein großes blaues Haus sein, ein Haus ohne Türen«, sagt er schließlich. »Jeder kann gehen, wann es ihm paßt, und kommen, wann er will. Niemand darf einem anderen befehlen, und man verkehrt nur mit Menschen, die man mag. Wen man nicht mag, läßt man links liegen.«

»Und trifft man seine toten Verwandten wieder?« Frank starrt in den samtblauen Himmel hinein. »Den Vater oder den Großvater?«

»Na klar!« Burkie macht ein ernstes Gesicht. »In rauhen Mengen stehn sie da und warten auf dich: Vater, Großvater, Urgroßvater, Ururgroßvater – bis zurück zu den ersten Affen.«

»Spinner!« sagt Frank, aber dann muß er lachen. Und als Burkie in den *Deutschen Meister* geht, um sich die Fußballergebnisse zu holen, geht er mit.

Der *Deutsche Meister* ist die Konkurrenzgaststätte an der Ecke Danziger Straße. Herr Persicke, der Wirt, hat links von seiner Theke eine große Holztafel angebracht, auf die trägt er jeden Sonntagabend die Fußballergebnisse ein. Für den großen Mann mit dem dicken Bauch und dem grauen Haarkranz ist Fußball das wichtigste von der Welt, über andere Dinge redet er fast nie. Und von Burkie hält er besonders viel, nennt ihn das größte Talent vom Prenzlauer Berg und prophezeit ihm sogar, daß er eines Tages in der Berliner Auswahl spielen wird. Wenn nicht der große Altersunterschied wäre, könnte man sagen, Burkie und Herr Persicke sind Freunde.

»Na, Burkie?« Herr Persicke hat schon gewartet. »Wat sagste nu? 3:1 für Hertha. Und dabei hatten se sogar noch Pech, hätten eigentlich noch viel höher gewinnen müssen.«

Burkie sagt gar nichts, zieht nur seinen Notizblock aus der Hosentasche und notiert sich die Ergebnisse. Seine Freude aber kann er nicht verbergen; Hertha BSC ist sein Lieblingsverein, er träumt davon, einmal in Herthas 1. Männermannschaft zu spielen.

»Komm mal her.« Herr Persicke hat schon ausgerechnet, welche Spiele Hertha noch gewinnen muß, um wieder Berliner Meister zu werden. Nun fachsimpelt er mit Burkie herum, ob Hertha diese Spiele gewinnen kann. Frank hört zu und ist stolz auf den großen Bruder. Und als Herr Persicke dann auch ihn etwas fragt, wächst er gleich noch ein bißchen.

Herr Persicke will wissen, ob Alemania 90 nächste Woche endlich auch wieder mal gewinnt. Frank hat keine Ahnung, aber er sagt ja. Alemania 90 ist sein Lieblingsverein – weil ihm die Farben Blau-Gelb so gut gefallen und weil die Alemanen einen so tollen Torwart haben. Wenn er mal groß ist, will er bei Alemania spielen, ganz egal, ob sie dann Meister werden oder nicht.

Hochzeit machen, das ist wunderschön

Das Standesamt ist ein gelbes Backsteingebäude, rechts und links vom Eingang befinden sich bunte Blumenbeete. Die Mutter und Onkel Willi stehen zwischen diesen Beeten und wissen nicht, wie sie noch lächeln sollen. Der Fotograf, der das Hochzeitsfoto macht, wird und wird einfach nicht fertig.

Die Mutter hat einen Hut auf dem Kopf und einen Fuchspelz um die Schultern. Beides hat sie noch von ihrer ersten Hochzeit. Onkel Willi trägt einen schwarzen Mantel mit Samtkragen und einen grauen Hut. Er sieht sehr vornehm aus, ganz anders als in der Eisenbahneruniform. Doch weder er noch die Mutter sehen besonders glücklich aus, beide gucken sie nur ungeduldig in die Kamera.

Frank steht ein wenig abseits. Er ist zum ersten Mal auf einer Hochzeit und findet alles wahnsinnig interessant. Burkie ist nicht mitgegangen. »Ich werde nicht noch Beifall klatschen«, hat er gesagt und sich zu Tante Lucie in die Küche geflüchtet.

Es ist nur eine standesamtliche Trauung. Das dritte Mal heiratet man nicht kirchlich, hat die Mutter gesagt. Und schon gar nicht, wenn man fündundvierzig Jahre alt ist wie sie, oder sogar sechzig wie Onkel Willi.

Ab heute heißt die Mutter also Lisa Meisel? Frank fragt sich, wie ihr wohl dabei zumute ist. Erst hieß sie Lisa Ulrich. So wurde sie getauft. Dann heiratete sie Burkies Vater und hieß Lisa Scholz. Dann seinen Vater – Lisa Gaspard. Und nun also Lisa Meisel. Da muß sie sich doch sehr komisch vorkommen.

Gefeiert wird in der festlich geschmückten *Gemütlichen Ecke*. Frank blickt sich stolz um. Es waren Tante Lucie und er, die all die grünen Girlanden von Wand zu Wand spannten und mitten hinein die bunten Lampions hängten, den gelben Mond, die farbigen Ziehharmonikas und die vielen roten, grünen, gelben und blauen Kugeln. »Wenn alte Leute heiraten, kann's gar nicht bunt genug sein«, hatte Tante Lucie gesagt.

Es kommen viele Gäste. Meist Stammkundschaft wie Ilse Fröhlich, die schon seit vielen Jahren bei Mutter verkehrt, oder Herr Bessel, der dicke Schuhladenbesitzer. Und natürlich auch Herr und Frau Modersohn und der alte Herr Braun aus dem zweiten Stock. Verwandte sind nur wenige angereist. Das ärgert die Mutter, obwohl sie so tut, als ob es ihr egal wäre. Und von Onkel Willis Familie ist überhaupt niemand gekommen. »Gott sei Dank!« sagte er. Er hatte auch niemanden eingeladen.

Die Stimmung ist schon nach wenigen Minuten sehr ausgelassen. Alle sitzen an der riesigen, mit Blumen geschmückten Hochzeitstafel, essen, trinken und lachen, und ein Akkordeon und eine Geige sorgen für die nötige Musikuntermalung. Sie spielen Lieder wie *Wenn du denkst, du hast'n, springt er aus dem Kast'n; Siehste wohl, da kimmt er schon, der versoffne Schwiegersohn* und *Hochzeit machen, das ist wunderschön.* Herr Modersohn ist einer der lustigsten. Wenn er nicht lauthals mitsingt, dirigiert er die »Kapelle« oder scherzt mit den Gästen.

Das Essen ist nicht feudal, wie die Mutter sagt, aber dafür reichlich. Es gibt Bockwurst und Buletten mit Kartoffelsalat nach Tante Lucies Geheimrezept. Dazu wird Bier und Schnaps serviert. Herr Modersohn läßt die Kapelle für einige Minuten in Ruhe, ißt und trinkt und flüstert Frank zu, eine Kneipenhochzeit sei noch viel schöner als die allervornehmste Beerdigung. Vor allen Dingen sei sie lebhafter.

Frank kann kaum noch lachen, so satt ist er. Er hat drei Portionen Salat und vier Buletten gegessen und dazu zwei Malzbier getrunken. Nun hat er ein Gefühl, als sollte ihm alles wieder zu den Ohren herauskommen. Burkie dagegen hat kaum was gegessen, beobachtet nur die Leute. Es ist nicht schwer, in seinem Gesicht zu lesen: Er mag die meisten Anwesenden nicht, hat noch nie all diese Leute gemocht, zu denen die Mutter freundlich ist, damit sie wiederkommen und ihr Bier bei ihr trinken.

Tante Lucie hat Tränen in den Augen. »Tränen der Freude«, erklärt sie den Gästen. Frank bezweifelt das. Es ist ihr letzter Tag bei ihnen, morgen wird sie ausziehen. Sie wird eine große Lücke hinterlassen; er darf gar nicht daran denken.

Nach dem Essen bilden die Gäste einen Kreis, die Mutter und Onkel Willi müssen den Schleiertanz tanzen. Da die Mutter keinen Brautschleier hat, stiehlt Ilse Fröhlich Frau Modersohn das Schultertuch und wickelt es der Mutter um den Kopf. Alle brechen in Gelächter aus, nur Burkie bleibt auch weiterhin ernst. Und als die Gäste der Mutter beim Tanzen den »Schleier« vom Kopf reißen und sich dabei ihre Frisur auflöst, dreht er sich weg.

Als der Tanz zu Ende ist, setzt die Mutter sich zu Tante Lucie an den Tisch und nimmt sie in die Arme. »Lucie«, sagt sie, noch ein wenig außer Atem, »Lucie, ich weiß gar nicht, wie ich dir danken soll für all die Jahre, die du mir zur Seite gestanden hast.«

Tante Lucie putzt sich ihre Brille. »Da gibt's doch nichts zu danken. Im Gegenteil, ich muß mich bei dir bedanken, daß du mich olle Mamsell damals aufgenommen hast. Was hätte ich denn tun sollen ohne dich?« Und dann nimmt sie Mutters Hände und sagt: »Ich wünsche dir mit dem dritten mehr Glück als mit den beiden anderen. Du hast es wirklich verdient.«

Die beiden Frauen fallen sich um den Hals, und Frank sieht zu Onkel Willi hinüber. Der »dritte« tanzt nun mit Ilse Fröhlich. Er bemüht sich, elegant zu tanzen, spreizt die Hände weit ab, und Ilse Fröhlich ruft der Mutter zu: »Paß lieber auf, Lisa! Sonst schnapp ich ihn dir noch weg, deinen schnieken Bräutigam.«

Danach hält Onkel Willi eine Rede. Er spricht von der tapferen Frau, die er heute geheiratet hat, und sagt, daß nun alles ganz anders wird. Jetzt sei ein Mann im Haus, der es gewohnt ist, die Dinge in die Hand zu nehmen.

Burkie, der sich zu Frank gesetzt hat, lacht böse: »Von mir aus kann er gleich loslegen – aber ohne mich!«

Frank will etwas sagen, spürt aber, wie er immer schläfriger wird. Schon halb weggetaucht, sieht er nur noch, wie Herr Modersohn die um fast einen Kopf größere Mutter durch die Gaststube schwenkt. Die Mutter lacht albern, und Frank lächelt auch. Dann ist er weg und sieht im Schlaf die Mutter weitertanzen. Doch nun tanzt sie nicht mehr mit Herrn Modersohn, jetzt tanzt sie mit ihren drei Männern und lacht mal diesem und mal jenem zu. Er will, daß sie nur mit seinem Vater tanzt, aber er kommt nicht an sie heran, sie dreht sich immer wieder von ihm fort...

»Frank! Frank!«

Er öffnet die Augen. Die Mutter steht vor ihm. Sie schwankt leicht. »Willst du schlafen gehen?«

Frank schüttelt den Kopf und behauptet, schon wieder ganz munter zu sein. Da fällt Mutters Blick auf Burkie. Er ist noch immer so ernst. Sie nimmt ihn an der Hand und zieht ihn auf die Tanzfläche. Burkie sträubt sich, er will nicht vor all den Leuten mit der Mutter tanzen. Sie muß lange auf ihn einreden, bis er sich endlich von ihr im Kreise drehen läßt. Doch kaum sind sie richtig im Schwung, kommt Onkel Willi vorübergetanzt und sagt etwas, was Frank nicht verstehen kann. Er sieht nur, daß die Gäste lachen und Burkie rot wird, die Mutter stehenläßt und wegläuft.

Frank will dem Bruder gleich hinterher und läuft der Mutter in die Arme.

»Was hat Onkel Willi denn gesagt?«

»Ach, nichts! Ein dummer Scherz, weiter nichts. – Warum ist Burkhard nur so empfindlich?«

Die Mutter ist ratlos, und Frank kann ihr nicht helfen. Deshalb läuft er weiter und findet Burkie im Hinterzimmer. Der Bruder liegt auf der Couch, hat den Kopf im Kissen vergraben und schlägt ab und zu mit der Faust in die Polsterung.

»Was ist denn? Was hat er gesagt?«

»Nichts«, sagt auch Burkie. Und dann schweigt er; Frank kann fragen, was er will, er bekommt einfach keine Antwort.

Das fünfte Rad am Wagen

Es sieht nicht so aus, als ob Tante Lucie ausziehen wollte. Erst räumt sie auf, dann kocht sie, dann wäscht sie ab, dann stellt sie das Geschirr weg. Alles ganz ordentlich.

Es war ein feines Essen, ihr Abschiedsessen: Szegediner Gulasch. Frank hat wieder reingehauen, bis ihm fast die Plauze platzte. Nun sieht er zu, wie Tante Lucie packt, und denkt daran, daß er nicht nur sie, sondern auch ihre Kochkünste sehr vermissen wird.

Burkie kommt und bringt der Tante einen Blumenstrauß. Er geniert sich dabei, und als Tante Lucie ihn an ihre Brust drückt, hält er verdächtig lange die Augen geschlossen. Dann setzt er sich zu Frank und guckt ebenfalls zu, wie Tante Lucie mal aus diesem, mal aus jenem Schrank etwas holt und in ihren kleinen braunen Koffer legt. Viel ist es nicht, was sie ans Tageslicht befördert, und oft überlegt sie: »Ist das nun meins, oder gehört es Lisa?« Und dann lacht sie, weil sie es manchmal beim besten Willen nicht weiß. Die Mutter aber fragt sie nicht, die würde ja doch nur sagen: »Es ist deins. Was denn sonst?«

»Das vergeß ich Mutter nie, daß sie dich wegschickt.« Burkie kann nicht mehr an sich halten. Er hat die Worte zwischen den Zähnen herausgepreßt und ist ganz blaß im Gesicht.

»Burkie!« Tante Lucie setzt sich zu ihm. »Deine Mutter hat mich doch nicht fortgeschickt. Ich gehe von allein – weil es besser ist.« Und als Burkie nicht antwortet, sondern nur weiter so finster und unglücklich vor sich hinstarrt, bittet sie ihn: »Du mußt dir mehr Mühe geben, sie zu verstehen. Die Gaststätte braucht einen Mann – und ihr einen Vater.«

»Aber nicht den. Das wird Mutter auch noch merken.«

Tante Lucie schweigt, dann sagt sie leise: »Was er auf der Hochzeit gesagt hat, klang doch ganz vernünftig.«

»Das war doch nur Gerede.« Burkie ballt die Fäuste, als wolle er jeden Augenblick etwas zerschlagen. »Und außerdem war er schon halb besoffen.«

Tante Lucie legt den Arm um Burkhard. »Burkie! Junge! Du bist doch sonst so vernünftig. Selbst wenn du recht hast, darfst du deine Mutter nicht im Stich lassen. Sie hat ihn doch in erster Linie euretwegen geheiratet. Sie möchte einfach mehr Zeit für euch haben und nicht ewig nur hinter der Theke stehen. Und dann, überleg doch mal: Ihr hängt aneinander wie die Kletten, die Lisa aber ist allein.«

»Wieso allein?« Burkie bleibt stur. »Sie hat doch uns. Oder etwa nicht?«

»Na klar! Sie hat uns.« Frank findet es an der Zeit, endlich auch einmal was zu sagen. Tante Lucie aber lächelt nur traurig. »Sie hat euch eben nicht. Keine Mutter hat ihre Kinder wirklich. Und je älter ihr werdet, desto weniger hat sie euch. Das ist überall so, und ihr seid da auch keine Ausnahme.« Und damit steht sie auf und packt weiter ein, als wäre nun alles gesagt und klargestellt. Burkies Gesicht aber hellt sich nicht auf.

Endlich hat Tante Lucie alles eingepackt – bis auf ihren weißen Kittel. Den hat sie noch an, und Frank kann sich auch gar nicht vorstellen, daß sie ihn auszieht. Tante Lucie ohne weißen Kittel? Das gibt es nicht. Wenn er morgens aufsteht, hat sie ihn an; wenn er abends schlafen geht, auch. Selbst zu Mutters Hochzeit zog sie ihn nur kurz aus. Nun ist er gespannt, ob sie ihn mitnimmt. Doch als die Mutter kommt, um zu fragen, ob Tante Lucie nicht das grüne Kleid vergessen hat oder das Silberbesteck ihrer Eltern, das sie damals mitbrachte, zieht die Tante den Kittel aus und gibt ihn der Mutter. »Hier, Lisa. Der gehört nun wirklich in die *Gemütliche Ecke.*«

Danach sitzen sie zu viert im Hinterzimmer und warten auf Tante Gertrud. Keiner weiß, was er noch sagen soll, alle sind bedrückt, und Tante Lucie sieht in dem dunkelblauen Kleid mit der Silberbrosche schon aus, als wäre sie nur zu Besuch bei ihnen. Als Tante Gertrud und Onkel Heinz endlich mit dem Auto vorfahren, atmen die Mutter und Tante Lucie fast gleichzeitig auf. Tante Lucie nimmt ihren Mantel über den Arm und blickt sich noch mal kurz um, dann geht sie entschlossen durch die Gaststube.

Onkel Willi hatte sich bereits vorher von der Tante verabschiedet und sie zu einem »Abschiedstrunk« überredet. Es hat sie mächtig geschüttelt, aber sie hat tapfer ausgetrunken. Sie will von allen im guten scheiden, und deshalb gibt sie Onkel Willi zum endgültigen Abschied nicht nur die Hand, sondern drückt ihm auch noch einen Kuß auf die Wange und bittet ihn: »Sei gut zu meiner Lisa.«

Auf der Straße ist die Mutter auf einmal übertrieben geschäftig und nimmt der Tante noch schnell einige graue Haare vom Kleid. »Mach's gut, Lucie! Und besuch uns mal.«

»Aber ja doch, ja doch!« Tante Lucie muß sich ein ums andere Mal schneuzen. Burkie und Onkel Heinz verstauen ihr Gepäck im Auto und stehen nun unschlüssig herum.

»Ja, dann...« Die Mutter und Tante Lucie umarmen einander und geben sich keine Mühe mehr, ihre Tränen zu verbergen. Tante Lucie küßt erst Burkhard und dann Frank und setzt sich schließlich neben Tante Gertrud auf den Rücksitz. Onkel Heinz startet, es wird gewinkt.

Die Mutter, Burkhard und Frank sehen dem Wagen nach, bis er in der Senefelder Straße verschwunden ist. »So!« sagt die Mutter dann und seufzt tief. »Das hätten wir geschafft.«

Burkhard verzieht das Gesicht, dreht sich hastig um und verschwindet im Gaststätteneingang. Die Mutter zögert kurz, dann läuft sie ihm nach, und Frank läuft mit. Sie finden Burkie in der Küche. Er sitzt am Küchentisch und starrt verbissen vor sich hin.

Die Mutter will sich rechtfertigen. »Fast zehn Jahre war ich mit Tante Lucie zusammen. Den ganzen Krieg haben wir miteinander überstanden. Meinst du, mir fällt es leicht, mich von ihr zu trennen?«

»Warum tust du's dann?« Das ist keine Frage, das ist ein Vorwurf. Es schwingt nicht nur Unverständnis mit in Burkies Stimme, sondern auch viel Ablehnung.

Die Mutter glaubt, diese Ablehnung nicht verdient zu haben. Und es stört sie, daß sie sich verteidigen muß. »Weil wir erwachsene Menschen sind«, schreit sie Burkhard an. »Wenn etwas nicht mehr geht, dann geht es eben nicht mehr.«

»Ist ja wieder mal 'ne feine Antwort.« Der Bruder dreht sich von der Mutter weg und ballt vor Zorn die Fäuste.

Die Mutter muß sich sehr zusammennehmen, nicht noch lauter zu schreien. »Burkhard!« sagt sie sehr leise. »Tante Lucie ist jetzt hier überflüssig. Das Fortgehen fällt ihr schwer, aber das Hierbleiben fiele ihr noch schwerer. Sie wäre jetzt nur noch so was wie ein fünftes Rad am Wagen bei uns. Sie würde ständig das Gefühl haben, uns nur zu stören.«

»Mich stört sie nicht.« Burkie stopft sein Fußballzeug ungewohnt achtlos in den Sportbeutel. Er ist schon wieder den Tränen nahe.

Frank will dem großen Bruder helfen. »Mich stört sie auch nicht«, sagt er laut. »Und wieso ist sie denn überflüssig? Kocht Onkel Willi jetzt für uns?«

Der kleine Willi

Onkel Willi kocht nicht. Das macht Mutter. Doch er hat die Eisenbahneruniform an den Nagel gehängt und geht nicht mehr rangieren. Die ersten Tage vor und nach der Hochzeit hatte er nur Urlaub, jetzt hat er es ganz aufgegeben. Die Mutter ist froh darüber. »Endlich wieder ein Mann im Geschäft«, sagt sie. »Auf die Dauer ist so eine Kneipe nichts für eine Frau.«

Onkel Willi ist gern Geschäftsmann. Er ist stolz darauf, von den Gästen mit Herr Wirt angeredet zu werden, und achtet streng darauf, daß sein braunes Zapferjäckchen stets frisch gestärkt ist. Mehrmals am Tage betrachtet er sich in dem großen Spiegel hinter der Theke, streicht sich das Haar glatt und kämmt sich seinen Schnurrbart.

Anfangs verzieht die Mutter nur spöttisch den Mund. »Alle Männer sind eitel«, sagt sie. Dann wird sie langsam unruhig. Onkel Willi nimmt ihr kaum Arbeit ab. Er steht zwar hinter der Theke und zapft, die Bewirtung der Gäste aber überläßt er ihr, auch wenn viel Betrieb ist. Doch die Mutter muß nun auch Tante Lucies Aufgaben übernehmen, muß kochen und waschen, putzen und einkaufen und die Gästetoiletten reinigen. Es ist mehr, als sie schaffen kann.

Doch die Mutter sagt nichts. Sie serviert und kassiert, kocht, putzt und wäscht, und nach dem Mittagessen steht sie auch noch hinter der Theke und zapft, denn dann schläft Onkel Willi auf der Couch im Hinterzimmer. Er sagt, er brauche seinen Nachmittagsschlaf, der Arzt habe ihm den verordnet. Die Mutter schweigt auch dazu.

Burkhard schweigt nicht. »Der ist bloß faulkrank«, sagt er. Und manchmal sagt er es so laut, daß Onkel Willi es hören kann.

Die Mutter schreibt Burkie noch immer jeden Tag einen Auftragszettel – Burkie läßt den Zettel liegen und geht zum Fußballtraining. Wenn kein Training ist, trainiert er für sich allein oder mit Hotte.

Die Mutter erledigt auch Burkies Aufträge, schimpft nicht mal mit ihm, guckt nur traurig.

Frank beobachtet das alles – und wartet darauf, daß etwas passiert, auf einen richtigen Knall. Eines Tages ist es dann soweit: Der Mutter ist das Essen mißlungen. Sie hatte zuviel zu tun, ist mehrfach von der Theke in die Küche gelaufen, immer hin und her, und dabei ist es ihr passiert, daß sie zweimal Salz in den Bohneneintopf gegeben hat. Frank verzieht keine Miene, tut nur so, als hätte er keinen Appetit, Burkie aber trumpft auf. »Den Fraß kann ja keiner essen«, sagt er und schiebt den Teller weit von sich fort. Frank sieht, wie die Mutter Burkie anblickt, sieht ihre Verzweiflung, und da verteidigt er sie. »Du bist gemein!« schreit er Burkie an. Und weil ihm kein besseres Wort dafür einfällt, schreit er noch mal: »Ganz gemein biste! Stinkgemein!«

Burkhard schaut den kleinen Bruder nur stumm an, dann steht er auf, nimmt seine Fußballschuhe und geht.

Die Mutter kostet von dem Bohneneintopf, verzieht das Gesicht und nimmt Frank den Teller weg. »Das kann ja wirklich keiner essen. Geh zu Frau Wetzel, hol dir ein paar Plunderstücke.« Und als sei das noch nicht genug, streicht sie ihm über den Kopf, als wolle sie sich bei ihm entschuldigen.

Am nächsten Morgen setzt sich die Mutter zu Burkie und Frank in die Küche und sagt: »Ich will euch was erzählen.«

»Wir müssen zur Schule.« Burkie lehnt sich an den kalten Herd und guckt abweisend.

»Ihr geht heute später.«

Die Mutter füllt ein Glas mit Wasser, schluckt eine Tablette, dann noch eine und spült beide mit dem Wasser herunter.

Frank stellt seinen Ranzen in die Ecke und guckt die Mutter neugierig an. Er hat nichts dagegen, später zur Schule zu gehen. In der ersten Stunde haben sie Lesen. Das haßt er, weil er immer etwas anderes liest als dasteht, und die Klasse dann über ihn lacht.

Die Mutter beginnt langsam, kommt dann aber in Fahrt, wird richtig lebendig. Sie erzählt von Onkel Willis Kindheit, schildert, wie schwer es der kleine Willi damals hatte. Und es dauert nicht lange, und Franks Phantasie entwirft Bilder: ein kleiner, magerer Junge, ein sehr armes Elternhaus, die Mutter auf dem Krankenbett, ein Vater ist nicht da. Die Mutter stirbt, und der Junge ist allein. Er kommt in ein Waisenhaus. Es ist ein graues, enges Haus mit vielen Betten. Über- und untereinander schlafen die Kinder. Die Erzieher sind streng, es setzt Schläge. Und es gibt große Jungen, die den kleinen Willi unterdrücken. Willi wird größer, aber er bleibt ein stilles, zurückhaltendes Kind. Die anderen machen mit ihm, was sie wollen. Eines Tages aber kommt ein Ehepaar, das adoptiert den Jungen. Sie haben eine Dorfbäckerei, und Willi muß arbeiten. Mitten in der Nacht muß er raus, und erst spät kommt er ins Bett. Willi liebt das Bäckerhandwerk nicht, und den ganzen langen Tag in der heißen Backstube, das hält er nicht aus. Er läuft fort. Lange wandert er durch das Land, verdient sich mal hier, mal dort ein paar Groschen. Manchmal ist er halb verhungert, oft durchnäßt ihn ein Regen. Irgendwann wird er erwischt und eingesperrt und in die Bäckerei zurückgebracht. Die Bäckersleute haben inzwischen zwei weitere Jungen adoptiert. Die sind jünger als Willi und geben sich Mühe. Der Bäcker lobt ihren Eifer, sie werden vorgezogen und bekommen vom Essen die besten Stücke. Willi wird als schwarzes Schaf behandelt, und die beiden Jungen legen ihn herein, wo sie können. Eines Tages wehrt Willi sich und verprügelt die beiden kleineren Jungen, prügelt sie, bis sie schreien und der Bäcker kommt. Der schlägt den Willi windelweich und wirft ihn aus dem Haus...

Die Mutter hält inne.

Frank schweigt.

Burkie aber stößt verächtlich die Luft aus. »Und was hat das mit uns zu tun?«

Die Mutter steht auf und räumt das Frühstücksgeschirr ab. »Ich habe euch von seiner Jugend erzählt, weil ich will, daß ihr ein wenig mehr Verständnis für ihn aufbringt. Die Menschen sind nun mal nicht alle gleich.«

»Und seine erste Frau? Woran ist die gestorben?«

Die Mutter fährt herum und starrt Burkie an. »Woher weißt du das?«

Der Bruder senkt den Blick. »Ich weiß es eben.«

»Du hast uns belauscht?«

»Na und? Sonst erfährt man ja nichts.«

Die Mutter guckt Burkie lange Zeit nur stumm an. Dann sagt sie: »Willis erste Frau war krank, sehr krank...«

Frank hält es nicht mehr aus. »Was war denn mit ihr?«

»Seife hat sie geschluckt, weil sie's nicht länger mit ihm ausgehalten hat«, sagt Burkie störrisch.

»Sie war krank!« schreit die Mutter.

Burkie springt vom Herd. »Ich muß jetzt los. In der zweiten Stunde schreiben wir 'ne Arbeit.« Damit geht er an der stumm dastehenden Mutter vorbei aus der Küche. Frank folgt ihm wie betäubt. Was er eben gehört hat, läßt ihn nicht los. Auf der Straße fragt er Burkie dann auch gleich, ob das stimmt – das mit der Seife.

»Glaubste etwa, ich denk mir so was aus?«

»Und was passiert, wenn man Seife schluckt?«

»Man wird krank und stirbt – wenn man es immer wieder tut.«

Frank überlegt und kommt zu dem Schluß, daß die Mutter recht hat: Wenn Onkel Willis erste Frau das getan hat, muß sie krank gewesen sein. Das sagt er auch zu Burkie.

»Na klar war sie krank«, gibt Burkie zu. »Aber daß sie krank war, daran hatte er die Schuld.«

»Und woher weißte das?«

»Das sehe ich ihm an.«

Frank guckt ungläubig. Wie kann Burkie Onkel Willi das ansehen? Doch er fragt nicht mehr, sie haben die Schule erreicht und können nicht mehr richtig miteinander reden. Aber nachdenken, das kann er, und das will er tun, denn das ist das schönste an der Schule: Wenn Fräulein Belinsky mit ihrer zarten Stimme vorne was erzählt, kann er hinten ganz prima nachdenken, so still ist es dann in der Klasse.

Buffkes Botten

Mutters Auftragszettel beachtet Burkie auch weiterhin nicht, aber eines erledigt er doch: Er putzt jeden Morgen alle Schuhe. Er setzt sich auf den Küchenhocker, schiebt den Vorhang vom Schuhregal beiseite, und los geht's. Schon immer hat er das getan, und er tut es auch jetzt noch – nur ein Paar Schuhe läßt er unberührt: Onkel Willis Schuhe putzt er nicht.

Onkel Willi spricht mit der Mutter, sagt, daß er das nicht auf sich sitzenlassen könne. Er sei jetzt der Vater, und es sei selbstverständlich, daß Burkhard auch seine Schuhe putzt. Die Mutter redet mit Burkie und erteilt ihm den Auftrag, alle Schuhe zu putzen. Alle!

Am nächsten Morgen setzt Burkie sich wie immer auf den Hocker und schiebt den Vorhang beiseite. Frank sieht vom Küchentisch aus zu. In dem Regal stehen braune und schwarze Schuhe und ein Paar rotbraune – Onkel Willis Schuhe. Die Mutter hat extra neue Schuhcreme besorgt. Doch die neue Creme wird nicht benutzt; Onkel Willis Schuhe rührt Burkie nicht an.

Als er sich dann die Hände gewaschen und am Tisch Platz genommen hat, bittet Frank ihn: »Putz ihm doch seine Botten.«

Burkie schüttelt nur stumm den Kopf.

Im Flur kommt ihnen Onkel Willi entgegen. Noch im Schlafanzug geht er in die Küche, um nachzusehen, ob Burkie seine Schuhe geputzt hat. Nicht lange, und er kommt ihnen nachgelaufen. Kurz vor der Theke hat er sie eingeholt, ergreift Burkie am Arm und dreht ihn zu sich herum. Die Ohrfeige hat

Burkie erwartet. Er nimmt sie gelassen hin, blickt nur die Mutter an, die hinter Onkel Willi steht und so guckt, als wollte sie sagen: Das hast du dir selbst zuzuschreiben.

Onkel Willi schlägt noch einmal zu, hart und wuchtig trifft er Burkies Wange. Burkie taumelt zurück, bleibt dann aber stehen und schiebt trotzig die Hände in die Hosentaschen.

Frank ist empört. Wie kommt der fremde Mann dazu, Burkie zu schlagen! Er will ihn beiseite schieben, aber Onkel Willi schubst ihn weg. »Ein für allemal«, schreit er, »solange ich im Haus bin, wird pariert.«

Die Mutter stellt sich vor Burkie und sagt leise: »Das genügt, Willi. Ich rede nachher noch mal mit ihnen.«

»Das kannste dir sparen.« Burkie geht aus der Tür. Frank folgt ihm still. Er ist erschüttert. Was er da eben mit ansehen mußte, hat er noch nie erlebt. Wenn die Mutter schlägt, schlägt sie anders, nicht so hart – und nicht so böse. Einen Vater, der so schlägt, will er nicht, vor dem hat er Angst.

Als Burkie und Frank von der Schule nach Hause kommen, redet die Mutter noch einmal mit ihnen. »Ein Vater ist ein Vater«, sagt sie. »Ob das nun Onkel Willi ist oder ein anderer. Wenn eure Väter noch lebten, würden sie euch auch ab und zu eins hinter die Ohren geben.«

Burkie blickt nur finster. »Das nächste Mal schlage ich zurück, das schwöre ich dir.«

»Das wirst du nicht tun!« Mutters Stimme überschlägt sich.

Burkie blickt stur geradeaus. »Ich lasse mich nicht schlagen. Und ich putze ihm seine Botten nicht. Wenn er mich wieder schlägt, schlage ich zurück.«

Die Mutter steht da wie ein Kind, das vom Lehrer einen Tadel bekommen hat. Wieder schmerzt es Frank, den großen Bruder so mit der Mutter reden zu hören. Doch die Schuld daran gibt er nur noch Onkel Willi. Was können sie dafür, daß er keine schöne Kindheit hatte? »Der soll seine Latschen selber putzen.« Seine Stimme klingt hell und fordernd. »Und er soll Burkie in Ruhe lassen.«

»Du hältst den Mund!« Die Mutter wird immer nervöser. Aber Frank hält nicht den Mund. Er hat auch eine Meinung, und die sagt er: »Er soll wieder abhauen, früher war es viel schöner.«

Die Mutter sieht Frank lange an, dreht sich um und geht.

Nach dem Mittagessen trifft Frank sich mit Peter Hammerstein. Burkie ist mit Hotte beim Training. Da holt sich die Mutter die rotbraunen Schuhe und putzt sie, putzt sie so gründlich, als könne sie damit erreichen, daß sie gleich mehrere Tage lang sauber bleiben.

Als die beiden Jungen am Abend nach Hause kommen, stellt Onkel Willi die Schuhe auf den Wohnzimmertisch. »Du solltest dich schämen«, sagt er zu Burkie. »Deine Mutter hat genug zu tun, du aber rührst keinen Finger.«

Burkie übersieht Onkel Willi, geht einfach an ihm vorbei und aus dem Zimmer. Als Frank ihm folgt, sieht er den Bruder mit einem Buch auf der Couch liegen. Aber Burkie tut nur so, als ob er liest.

Am nächsten Morgen hören die Jungen die Mutter und Onkel Willi in der Küche miteinander reden. Die Mutter ist schon fertig angezogen, macht gerade das Frühstück und muß Onkel Willi irgendeinen Vorschlag gemacht haben. »Das kommt gar nicht in Frage«, erklärt er. »Wenn er nicht tut, was ich sage, werde ich ihn dazu zwingen. Mir tanzt er nicht auf der Nase herum.«

Die Mutter seufzt leise. »Wer soll das nur aushalten?«

Nach dem Frühstück setzt Burkie sich vors Schuhregal und putzt alle Schuhe – bis auf Onkel Willis. Er nimmt sie in die Hand und überlegt. Dann setzt er die Bürste an. Frank atmet auf. Endlich! Aber noch bevor er sich ganz abgewandt hat, hört er es plötzlich poltern. Burkie hat Schuhe und Bürste in die Ecke geworfen, ergreift seine Mappe und verläßt Hals über Kopf die Küche.

Nach Schulschluß sitzt Frank auf den Stufen der *Gemütlichen Ecke* und wartet auf Burkie. Wenn er sich rückwärts wendet und durch die offenstehende Tür blickt, sieht er Onkel Willis düsteres Gesicht. Und wenn die Mutter am Eingang vorbeikommt, schaut sie zur Tür, als wollte sie Burkie warnen, hereinzukommen. Es liegt eine Stimmung über der Gaststube, als kündige sich ein unheilvolles Gewitter an. Frank leidet unter diesem Druck, vor allem aber hat er Angst – um Burkie. Deshalb läuft er, als er Burkie und Hotte in der Ferne auftauchen sieht, auch gleich los, um den Bruder zu warnen. »Der Buffke ist auf hundert«, sagt er, »der kocht.«

Burkie macht ein gleichgültiges Gesicht. »Von mir aus.« Dann verabschiedet er sich von Hotte und durchquert mit Frank die Gaststätte, als sei es ein Tag wie jeder andere. Im Wohnzimmer setzt er sich auf die Couch, lehnt sich zurück und verschränkt die Arme hinter dem Kopf.

Onkel Willi kommt ihnen nach, und Frank sieht es seinem Gesicht an: Jetzt will er sich endgültig durchsetzen. Aber noch mehr sieht er es an dem, was Onkel Willi in der Hand hält: einen Rohrstock! Ungläubig blickt er den Bruder an. Den Rohrstock muß Onkel Willi sich irgendwo besorgt haben, so etwas gibt es nicht in Mutters Haushalt, so was gab es nie bei ihnen.

Burkie spitzt den Mund, als wolle er pfeifen, und ergreift Franks Lesebuch, das aufgeschlagen auf dem Tisch liegt. Onkel Willi preßt die Lippen aufeinander. »Komm her!«

Burkie rührt sich nicht. Er blättert in Franks Lesebuch und sieht nicht hoch. Da schlägt Onkel Willi zu. Der Stock trifft Burkies gebeugten Rücken. Es pfeift und klatscht. Burkhard springt auf und starrt Onkel Willi einen Augenblick lang nur stumm an. Dann rennt er ihm mit voller Wucht den Kopf in den Bauch. Der schwere Mann taumelt zurück und fällt gegen den Glasschrank. Es scheppert laut.

Erschrocken macht Frank einen Schritt zurück. Der Bruder aber läuft nicht fort. Mit geballten Fäusten steht er da und fordert Onkel Willi immer wieder auf: »Schlag doch zu! Na los, schlag zu!«

Onkel Willi schlägt zu. Einmal, zweimal, dreimal. Aber er trifft nicht, Burkie weicht jedesmal geschickt aus. »Weiter! Weiter!« schreit er dabei voller Wut und Hohn.

Die Mutter hat was gehört. Aufgeregt kommt sie ins Hinterzimmer gestürzt und stellt sich schützend vor Burkie. Onkel Willi holt gerade zu einem neuen Schlag aus – und trifft die Mutter. Frank konnte nicht erkennen, ob Onkel Willi den Schlag nicht mehr zurückhalten konnte – oder ob er ihn absichtlich nicht mehr zurückhalten wollte. Es ging alles viel zu schnell.

»Willi!« flüstert die Mutter entsetzt. Der Stock hat sie genau zwischen Wange und Schulter getroffen. Ein roter Streifen zeichnet sich auf ihrem Hals ab.

Einen Moment lang stehen alle vier wie versteinert da. Dann springt Burkie plötzlich vor und stößt Onkel Willi die Faust in den Bauch. Und Frank bufft ihn in den Rücken und schreit immer wieder: »Laß meine Mutter in Ruhe! Laß meine Mutter in Ruhe!«

Onkel Willi wird nervös. Er will Burkhard packen und verliert dabei den Stock. Frank schnappt sich den Rohrstock und läuft damit durch die Gaststube. Zwischen den erstaunten Gästen hindurch läuft er auf die Straße hinaus und auf den Nordmarkplatz hinüber. Dort wirft er den Stock in ein Gebüsch, schmeißt sich ins Gras und weint.

Da ist ein Haß in ihm, wie er ihn noch nie zuvor empfunden hat; ein Haß, der richtig schmerzt. Das Gefühl sitzt im Kopf und im Bauch, und er weiß, wenn er größer wäre, würde er Onkel Willi jetzt auch weh tun, würde er ihn verprügeln und rauswerfen. Und er würde genauso böse zuschlagen, wie Onkel Willi es getan hat.

Eine Hand legt sich auf Franks Schulter. Er fährt erschrokken hoch, doch es ist nicht Onkel Willi, es ist der Bruder, der neben ihm sitzt. Da legt Frank nur den Kopf in Burkies Schoß und heult noch lauter.

»Laß mal, Frankie!« sagt Burkie leise. »Vorläufig rührt der uns nicht mehr an.«

»Meinste wirklich?« Frank wischt sich dic Tränen breit. Nur Burkie kann ihm jetzt noch Mut machen.

Der Bruder nickt. »Der legt sich nicht jeden Tag mit uns dreien an, das hält der gar nicht aus.«

Mit uns dreien, hat Burkie gesagt – also ist die Mutter auf

ihrer Seite? Den Gedanken, daß die Mutter für Onkel Willi Partei ergreifen könnte, findet Frank einfach zu schlimm. Wenn das passieren würde, würde ihm sein ganzes Leben keinen Spaß mehr machen. »Und... seine Botten?« Er bemüht sich, das fortwährende Schluchzen in sich zu unterdrücken, doch er schafft es nicht. »Ich... putze sie ihm nicht. Und wenn... er mich totschlägt.«

»Der schlägt keinen tot. Nicht, solange ich da bin.«

Burkie kaut auf seinem Grashalm herum und sieht auf einmal sehr zufrieden aus. Das wundert Frank. Freut der Bruder sich etwa darüber, daß Onkel Willi ihn geschlagen hat? Oder glaubt er nur, daß sie Onkel Willi auf diese Weise endlich wieder loswerden?

Verlorene Dienstage

Es ist Dienstag, und dienstags hat die *Gemütliche Ecke* geschlossen, da ist Ruhetag. Frank sitzt in der Gaststube und sieht der Mutter beim Nähen zu. Der Dienstag war früher der schönste Tag der Woche. Das ist nun vorbei. Er seufzt wehmütig.

Dienstags machten Mutter und Tante Lucie klar Schiff. Sie putzten alles, was ihnen unter die Finger kam. Und wenn Burkie und er mit den Schulaufgaben fertig waren, packten sie mit an. Er stellte alle Stühle auf die Tische, Burkie wischte den Fußboden, und Tante Lucie brachte Küche, Zimmer und Flur auf Vordermann. Mutter polierte die Theke. Das war die wichtigste Aufgabe. Da ließ sie keinen ran. Nicht mal Tante Lucie. Alles mußte blitzen, die Chrombleche, die Bierhähne und die Leitungen. Mit einer langen Stocherbürste fuhrwerkte sie im Inneren der Bier- und Sprudelleitungen herum, damit kein Gast einen Krümel in seinem Bier fand und alles in Ordnung war, falls die Kontrolleure von der Gesundheitsbehörde kamen. War alles erledigt, wurde Kaffee getrunken. Meistens hatte Tante Lucie so ganz nebenbei noch einen Kuchen gebakken, und nach getaner Arbeit schmeckte dieses »Wunderwerk der Backkunst«, wie die Mutter den Kuchen jedesmal nannte, uoppelt so gut.

Am allerschönsten aber war es abends. Der Dienstag war ja der einzige Tag in der Woche, an dem alle vier gemeinsam Abendbrot essen konnten. Wenn sie um den großen Wohnzimmertisch saßen, war es wirklich gemütlich in in der *Gemütlichen Ecke.* Besonders im Herbst oder im Winter, wenn die Tischlampe schummriges, gelbes Licht verbreitete und außerhalb des Familientisches alles im Dunkel lag. Mutter aß ihren geliebten Harzer Käse und Tante Lucie ihre berühmten Zwiebel-Quark-Stullen. Er futterte jede Menge Hackepeterbrote, und sogar Burkie hatte mehr Appetit als sonst. Nach dem Abendbrot lasen die Mutter und Tante Lucie dann in aller Ruhe die Zeitung. Jede las einen Teil und tauschte ihn nachher aus. Dabei unterhielten sie sich ständig über das, was sie lasen, und Burkie sagte oft, sie brauchten die Zeitungsteile eigentlich gar nicht mehr auszutauschen, weil jede der anderen bereits alles verraten hätte.

Wenn Mutter und Tante Lucie lasen, sah er Burkie beim Zeichnen zu. Oder sie spielten Karten. Manchmal auch zu dritt oder viert. Frank seufzt noch einmal. Warum ist es nur jetzt nicht mehr so?

»Was hast du denn?« Die Mutter schaut auf. »War was in der Schule?«

»Nein.«

In der Schule ist immer etwas, das würde Frank nicht so traurig stimmen. Den verlorenen Dienstagen trauert er nach. Geputzt wird zwar immer noch, aber sonst ist alles ganz anders geworden. Die Mutter putzt allein. Onkel Willi schaut nur zu, Burkie verdrückt sich, und sein bißchen Stühlehochstellen ist keine große Hilfe. Und ist die Mutter abends um acht endlich mit allem fertig, klopft es am Hintereingang – Herr Bessel steht in der Tür. Bald darauf klopft es ein zweitesmal – Ilse Fröhlich kommt. Dann noch Herr Lehmann oder Paule Krause oder alle beide. Danach sitzen sie dann zu viert oder auch zu fünft mit Onkel Willi in der Gaststube, kloppen Skat, erzählen sich Witze, streiten, lachen und trinken. Und Mutter muß sie bedienen.

So wie auch jetzt wieder.

Onkel Willi hat einen Grand Hand verloren und muß eine Runde bestellen. Die Mutter legt ihr Nähzeug weg und erledigt den Auftrag, während die Skatspieler noch laut über das Spiel diskutieren. Herr Bessel meint, mit *den* Karten hätte Onkel Willi das Spiel nicht verlieren dürfen. Er spiele nicht leidenschaftlich genug; es sei ihm egal, ob er gewinnt oder verliert, weil er hinterher nicht zu zahlen braucht.

Die Mutter stellt den Skatspielern ihre Biere hin und auf Ilse Fröhlichs Wunsch auch noch ein paar Schnäpse dazu, dann näht sie weiter an Burkies Indianerkostüm. Frank sieht zu, wie geschickt sie die Nadel führt und wie sie ab und zu den Faden abbeißt, weil es ihr zu lange dauert, erst nach der Schere zu greifen. Manchmal schaut sie dabei zu ihm hin und lächelt. Einfach so, ohne was zu sagen.

Onkel Willi widerspricht Herrn Bessel. Er müsse auch bezahlen, sagt er, schließlich kriege er das Bier und die Schnäpse nicht umsonst geliefert.

Er! Immer er! Als ob ihm die *Gemütliche Ecke* alleine gehört. Was die Mutter wohl denkt, wenn sie Onkel Willi so reden hört? Ihr Gesicht verrät nichts, sie guckt nur nachdenklich, so wie sie es in der letzten Zeit oft tut.

»Gefällt dir das Kostüm?«

Frank nickt. Es wird ein tolles Kostüm, braun mit bunten Fransen an der Hose und den Ärmeln. Burkie kann es gleich anziehen, wenn er nachher mit Hotte kommt. In der Schule findet ein Kostümfest statt, aber nur für die oberen Klassen, nicht für die zweiten. Das heißt, kleinere Geschwister dürfen mitgebracht werden – aber natürlich nur, wenn die älteren das wollen. Und Burkie will ihn nicht. »Den ganzen Tag den Floh auf dem Hals haben? Dann geh ich lieber auch nicht«, hat er zur Mutter gesagt.

Den Floh! Als ob er noch so klein wäre! Hätte Burkie ihn mitgenommen, hätte er auch so ein schönes Kostüm bekommen.

Die Hintertür geht, Burkie und Hotte kommen. Hotte trägt schon sein Old-Shatterhand-Kostüm und sieht gut darin aus – wie ein Cowboy in einem Wildwestfilm.

»Ist es fertig?« will Burkie gleich wissen. Die Mutter macht den letzten Nadelstich und sagt lächelnd: »Ja. Auf die Sekunde genau.«

»Danke.« Burkie küßt die Mutter auf die Wange und guckt dabei verlegen zu den Skatspielern hin. Dann nimmt er das Kostüm und geht sich umziehen.

Wenig später kommt der Fotograf, den die Mutter bestellt hat. Es ist derselbe, der das Hochzeitsfoto machte; ein langer dünner Mann mit Baskenmütze. Als er die Gaststube betritt, werden die Skatspieler für kurze Zeit etwas leiser und schauen zu, wie der Fotograf Burkie und Hotte knipst. Ilse Fröhlich steht sogar auf und gibt gute Ratschläge, aber weder der Fotograf noch die beiden Jungen beachten sie. Burkie und Hotte lehnen nur lässig an der Theke und halten jeder ein Glas Limonade in der Hand, sind ganz Winnetou und Old Shatterhand, die beiden Blutsbrüder.

Frank steht ein wenig abseits und spürt, wie der Kloß in seinem Hals immer dicker wird.

Dann ist das Bild endlich fertig, die beiden Jungen ziehen los, und Frank beißt sich auf die Lippen. Es fällt ihm schwer,

Burkie nicht wenigstens was Gehässiges nachzurufen, und er tut es nur deshalb nicht, weil so viele Leute in der Gaststube sind.

Die Mutter spricht mit dem Fotografen. Der nickt, packt Frank unter den Achseln und setzt ihn auf die Theke. »So, mein Herr«, sagt er, »nun glätten Sie mal schön Ihr Gesicht, sonst wird das Foto ganz hügelig und paßt in keine Brieftasche.«

Frank glättet sein Gesicht nicht. Ernst und würdig blickt er in die Kamera, und er wird noch ernster und würdiger, als er sieht, wie die Mutter und der Fotograf sich nur mit Mühe das Lachen verkneifen können.

Er ist nur freundlich, wenn er will. Und jetzt will er nicht.

Moni

Es ist schon zehn Uhr, und Burkie ist immer noch nicht zurück. Frank liegt im Bett und versucht, sich das Kostümfest auszumalen: viele bunte Gestalten, Musik, Lachen, Tanzen, Limonadengläser... Und mittendrin Burkie. Ob er gerade mit einem Mädchen tanzt? Mit der Mutter wollte er damals nicht tanzen, aber das hat ja nichts zu sagen...

Frank preßt den Kopf ins Kissen und versucht einzuschlafen, aber er ist hellwach, kann nicht mal für längere Zeit die Augen zubehalten. Schließlich steht er auf und geht auf den Balkon.

Es ist dunkel auf der Straße, nur in wenigen Fenstern brennt noch Licht, aber die Luft ist noch warm. Er beugt sich über die Balkonbrüstung und späht links die Straße hinunter. Die Lichter der Laternen, die parallel im Bogen nach rechts schwenken, erscheinen ihm wie auf eine Schnur aufgezogene Glühwürmchen, die immer kleiner werden. Und es ist still, denn die Straße ist fast menschenleer. Nur ein Pärchen schlendert vor der Nummer 32 auf und ab, und ein Mann kommt den Bürgersteig entlang. Seine Schritte hallen laut.

Frank wendet sich nach rechts. In der *Gemütlichen Ecke* brennt noch Licht. Er weiß genau, welche Lampen es sind: die beim Ofen und die neben dem Klavier. Er denkt an die Mutter. Als Tante Lucie noch bei ihnen war, lag die Mutter um diese Zeit längst im Bett. Jetzt muß sie warten, bis den Skatkloppern die Lust vergeht.

Wieder schaut Frank nach links, in die Richtung, in der die Schule liegt – und erschrickt freudig: Da kommen Burkie und

Hotte ja. Sie wackeln gemütlich die Straße entlang, unterhalten sich, bleiben stehen, gehen weiter, reden weiter. Schnell versteckt er sich hinter der Balkonbrüstung. Wenn sie ihn nicht entdecken, kann er sie vielleicht belauschen.

Die beiden Jungen in den bunten Kostümen sind unter Franks Balkon angekommen, und er bekommt mit, daß sie über ihre zukünftigen Berufe reden. Burkie will erst Autoschlosser und dann Fußballtrainer werden, Hotte sagt traurig: »Ich muß den Laden übernehmen. Mein Vater will's so und Mutter auch. Die Gisela ist ja nur ein Mädchen, die heiratet mal, und dann ist sie weg.«

»Und was würdest du machen, wenn du's dir aussuchen dürftest?« will Burkie wissen.

»Irgendwas mit Kunst«, sagt Hotte träumerisch. »Malen oder so was.« Frank weiß: Hotte kann toll malen, viel besser als Burkie. Er hat im Zeichnen eine Eins, und auch im Basteln ist er ein kleines Genie.

»Das würde ich mir nicht gefallen lassen«, sagt Burkie nun. »Die Kneipe würde ich nie übernehmen. Lieber springe ich in den Gully.«

Die beiden Jungen lachen und flüstern miteinander. Frank kann nichts mehr verstehen und wird ungeduldig. Ob er mal leise hustet? Aber da dreht der Bruder sich schon um und steckt den Hausschlüssel ins Schlüsselloch. Die Haustür quietscht, und Frank muß machen, daß er ins Bett kommt. Kurze Zeit später hört er Burkie die Wohnungstür aufschließen, und es wird hell vor seinen Augen. Der Bruder hat das große Licht angeschaltet. »Frankie?« flüstert er.

Frank stellt sich schlafend. Er ist zwar neugierig auf Burkies Bericht, doch er will dem Bruder die Versöhnung nicht allzu leicht machen. Da aber sagt Burkie auf einmal was, das Frank schnell aus seinem vorgetäuschten Schlummer reißt: »Du, Frankie, ich geh jetzt mit Moni.«

Er hat es gesagt, und nun grinst er breit. Und das sieht lustig aus mit der verschmierten Kriegsbemalung im Gesicht. »Sie sagt, ich hätte ihr schon immer ganz gut gefallen. Und dich findet sie auch nett.«

Frank setzt sich auf, und weil er nicht weiß, was er sonst tun soll, wirft er Burkie einfach sein Kissen an den Kopf. »Du bist doof!«

Der Bruder fängt das Kissen auf. »*Du* bist doof! Ich hatte ihr doch in der Schule schon einen Zettel geschickt und gefragt, ob wir zusammen zum Schulfest gehen wollen. Und da hat sie zurückgeschrieben, sie geht nur mit, wenn ich ohne meinen kleinen Bruder komme... Sie wollte nicht, daß du den ganzen Abend hinter uns herzuckelst.« Er lacht. »Sie hat uns die beiden Unzertrennlichen genannt.«

Das also steckt dahinter! Moni findet ihn zwar nett, aber lieber wäre ihr, er bliebe, wo der Pfeffer wächst. Frank macht ein saures Gesicht. Wenn Moni nun öfter verlangt, daß Burkie ohne ihn ausgeht? Und wenn für Burkie ab jetzt nur noch Moni wichtig ist? Wenn ihn vielleicht sogar Onkel Willi nicht mehr interessiert?

»Und weißte was?« Der Bruder legt sich so, wie er ist, neben Frank und schaut verträumt zur Decke hoch. »Wenn Sonnabend schönes Wetter ist, gehen wir miteinander schwimmen. Alle drei. Es ist fest abgemacht.«

»Ehrenwort?« Frank springt auf.

»Großes chinesisches Paprikaschoten-Ehrenwort!« Burkhard zieht Frank wieder zu sich herunter und knufft ihn in die

Seite. Frank boxt sofort zurück, und die Keilerei geht los und dauert an, bis sie beide nicht mehr können. Erst dann lassen sie voneinander ab und bleiben schwer atmend nebeneinander liegen.

»Ist das schön, 'ne Freundin zu haben?«

Burkie lacht. »Klar.«

»Und was macht ihr da?«

Der Bruder muß noch lauter lachen. »Das werde ich dir gerade auf die Nase binden.«

»Und warum nicht?«

»Weil du dafür noch 'n paar Nummern zu klein bist.«

Frank überlegt. »Warum haste's mir dann überhaupt erst gesagt?«

»Weil du mein Bruder bist.«

Wieder überlegt Frank, dann kichert er: »Ich weiß, was ihr macht.«

»Und was?«

»Ihr küßt euch.«

Burkie kichert auch. »Na klar küssen wir uns. Das gehört doch dazu.«

»Und das ist schön?«

»Jaaa!« Diesmal wirft Burkie mit dem Kissen. Aber Frank wirft es nicht zurück. Er ist zufrieden mit dem, was er eben gehört hat. Da hat er gleich wieder eine ganze Menge nachzudenken.

Ein Faß läuft über

Franks Sorge, daß Burkie Monis wegen Onkel Willi vergessen könnte, ist unbegründet. Burkie läßt nicht locker. Aber es gibt keinen Krach mehr, es ist ein leiser Krieg geworden. Frank und Burkhard tun so, als wäre Onkel Willi gar nicht da. Läuft er ihnen zufällig in den Weg, kurven sie um ihn herum. Und Onkel Willi macht es genauso. Die Jungen gehen ihn nichts an, sagt er, sie sollen machen, was sie wollen. Nur manchmal lächelt er vielsagend, und als Frank einmal erst sehr spät nach Hause kommt und die Mutter sich schon schlimme Sorgen gemacht hat, schüttelt er den Kopf: »Das hast du nun von deiner Affenliebe! Wenn du so weitermachst, kacken sie dir noch mal auf den Teppich.« Die Mutter antwortet nichts, Frank aber nimmt sich vor, von nun an nichts mehr zu tun, was Onkel Willi Anlaß geben könnte, der Mutter eins auszuwischen.

Daß zwischen der Mutter und ihrem neuen Mann nicht alles in Ordnung ist, bemerken nun auch die Gäste. Und natürlich reden sie darüber. Burkie aber freut sich heimlich und sagt wieder, mit der Mutter und diesem Buffke gehe es nicht mehr lange gut. Er warte nur auf den Tropfen, der das Faß zum Überlaufen bringt. Weil Frank das nicht gleich versteht, führt er es ihm vor. Sie gehen in die Küche, und Frank muß sich vor dem Wasserhahn auf einen Stuhl setzen. Dann nimmt Burkie ein Glas, stellt es unter den Wasserhahn und dreht den Hahn gerade so weit auf, daß er tropft. Frank sieht Tropfen für Tropfen in das Glas fallen. Es dauert ewig, bis das Glas auch nur zu einem Viertel gefüllt ist. Mißtrauisch dreht er sich zu Burkie herum, aber dem Bruder scheint das Experiment zu gefallen. »Jeder Fehler, den dieser Buffke macht, ist so ein Tropfen«, sagt er.

Das Glas ist fast voll. Jetzt findet auch Frank das Experiment spannend. Welcher Tropfen wird es sein, der Onkel Willi auf die Straße setzt?

Auf dem Glas bildet sich ein kleiner Wasserberg, aber noch läuft nichts über.

»Gleich passiert's.« Burkie fixiert das Glas, als wolle er es hypnotisieren. Da! Dieser Tropfen war zuviel. Der Wasserberg zerfällt und läuft am Glas herunter. Burkhard dreht den Hahn zu. »Haste 's gesehen? Dieser eine Tropfen hat alles zerstört.«

Frank hat es gesehen und ist begeistert: Wenn das so ist, dann darf er sich von nun an über all das freuen, was ihn bisher an Onkel Willi so geärgert hat. Was für eine verkehrte Welt!

Nur wenig später geht Burkie mit Hotte zum Training, und Frank holt Peter Hammerstein ab. Doch er muß ihn heimlich in die Wohnung schleusen. Nicht nur der große Bruder, auch die Mutter will nicht, daß er allzuoft mit Peter zusammensteckt. Die Mutter sagt, der Peter könne nichts dafür, daß er ein so schwieriges Kind ist. Er habe einfach zuviel Schlimmes erlebt auf der Flucht und auch danach. Aber das ändere nichts daran, daß er kein guter Umgang für Frank sei.

Frank findet Peter gerade deshalb interessant, weil er so ganz anders ist als alle anderen. Wenn er mit Peter redet, hat er manchmal das Gefühl, Peter und er wären schon ziemlich erwachsen. Mit Peter kann er einfach über alles reden. Zum

Beispiel sagt Peter, das Lied vom abgebrannten Pommerland würde stimmen, Pommern wäre wirklich abgebrannt, weil dort jetzt die Polen lebten. Die Polen wären nämlich noch viel schlimmer als jede Feuersbrunst.

Der Mutter gefällt es nicht, daß Peter Frank solche Sachen sagt. Peter habe das doch nur von seinem Vater, schimpft sie. Der könne den Verlust seines Bauernhofes einfach nicht verwinden. Wenn er klüger wäre, würde er einsehen, daß die Deutschen selbst Schuld daran wären, daß man ihnen nach dem Krieg so viel weggenommen hat. Hätten sie den Krieg nicht angefangen, wäre Pommern auch nicht »abgebrannt«.

Frank kennt Peters Vater kaum. Wenn er bei Peter oben ist, ist sein Vater nie da. Er weiß nur, daß Peters Vater zur Aushilfe in einer Tischlerei arbeitet. Weil ihm das aber keinen Spaß macht, trinkt er viel und liegt mehrmals in der Woche betrunken auf der Treppe. Seine Frau leidet sehr darunter, aber sie wagt nicht, mit ihrem Mann zu schimpfen, weil er sie dann sofort schlagen würde. Die Mutter und Tante Lucie nennen Frau Hammerstein eine »arme Frau« und ein »verhuschtes Ding«. Und daß sie so eine bemitleidenswerte Person sei, sagen sie, daran trüge nur Peters Vater die Schuld, »dieser Dollbregen«.

Wenn Frank bei Hammersteins ist, ist Peters Mutter nicht »verhuscht«. Dann ist sie manchmal sogar sehr lustig und erzählt von dem Bauernhof, den Hammersteins mal besaßen, von den Pferden, den Kühen und all den anderen Tieren. Manchmal aber läuft sie mitten in der Erzählung aus dem Zimmer. Peter sagt dann: »Jetzt flennt sie wieder.«

Frank geniert es, daß er Peter verstecken muß, aber Peter macht das nichts aus. Sie schließen sich in der Abstellkammer ein und verkriechen sich in eine Höhle aus Decken. Hier sieht sie niemand, und Peter legt sich sogar lang hin, so wohl fühlt er sich. Er hat Zigaretten dabei und gibt auch Frank eine ab. Es dauert nicht lange, und sie können sich kaum noch erkennen, so verqualmt ist ihre Höhle.

Peter hat einen Kopf, viereckig und kantig wie ein Quadrat. Dieser Kopf ist immer rot, feine rote Äderchen durchziehen die Haut. Seine Nase ist ziemlich flach; wenn er dadurch atmet, gibt es ein schnarrendes Geräusch. Er putzt sie nie. Den Schleim zieht er hoch und spuckt ihn aus, das Trockene popelt er heraus. Wenn er spricht, flackern seine Augen, und sein Mund ist selbst dann in Bewegung, wenn er nicht spricht. Im Winter trägt er immer denselben ausgebeulten Trainingsanzug, jetzt im Sommer die abgeschnittene Sonntagshose seines Vaters. Aber wenn Peter auch sehr nervös ist, so hat er doch immer die besten und lustigsten Ideen. Vorigen Monat hatte er ein Wettpinkeln veranstaltet. Zu fünft standen sie am Rinnstein und pinkelten in hohem Bogen auf die Straße. Wer am weitesten den Asphalt besprühte, hatte gewonnen. Ein anderes Mal fand ein Zielspucken statt, von Hammersteins Balkon im vierten Stock. Es kamen nur Männer mit Hut in Frage, und das war unheimlich lustig.

In der Schule ist Peter nicht so gut. Er sagt, Schule sei blöd; was er wissen müsse, um sich durchzuschlagen, wisse er schon.

»Kannste uns ein Malzbier besorgen?« Peter hat Durst. Er hustet trocken.

Frank nickt, er wird Malzbier besorgen. Leise entriegelt er die Kammertür. Auf dem Flur ist alles ruhig, und auch in der Küche ist niemand, nur in der Gaststube ist Betrieb. Doch die

Mutter bedient allein, Onkel Willi hält sein Nachmittagsschläfchen. Frank geht hinter die Theke und füllt ein Glas ab. Als die Mutter nicht hinschaut, füllt er ein zweites ab. Dann wartet er, bis sie bei einem Gast kassiert, und flitzt hinter ihrem Rücken mit den beiden Gläsern aus der Gaststube.

Peter schmeckt das Malzbier. Er erzählt Frank, daß er eine Bande gründen will. Er kennt in den Trümmern eine Höhle, die wird dann ihr Treffpunkt. Aber wer mitmachen will, muß einen Einstand spendieren, und Franks Einstand müßten mindestens zwanzig Zigaretten sein – wo seine Mutter doch eine Kneipe hat.

»Psst!« Frank hat Stimmen gehört und preßt sein Ohr an die Tür. Die Mutter! Sie spricht mit Onkel Willi. Also muß sie ihn geweckt haben, sonst steht er nie so früh auf.

»So geht das nicht weiter«, sagt die Mutter. »Ich mach mich kaputt, und du schläfst.«

Onkel Willi antwortet nicht. Frank hört ihn vorüberschlurfen. Er geht auf die Toilette.

Peter gesellt sich zu Frank. »Prügeln sie sich?« fragt er flüsternd.

Frank schüttelt den Kopf.

Die Mutter läuft im Flur auf und ab. Sie wartet, bis die Wasserspülung rauscht, und macht Onkel Willi danach neue Vorhaltungen. Als er sagt, was er immer sagt, nämlich daß er krank sei, fragt sie streng: »Was ist das für eine seltsame Krankheit? Warum gehst du nicht zu einem Arzt?«

»Der kann mir auch nicht helfen. Es ist vom Krieg«, gibt Onkel Willi mürrisch zurück und geht wieder ins Wohnzimmer. Die Mutter geht ihm nach und schlägt die Tür hinter sich zu.

Frank kann nichts mehr hören. Er öffnet die Tür – der Flur ist leer. »Warte hier«, flüstert er Peter zu, läuft über den Flur und lauscht an der Wohnzimmertür.

»Die Gaststätte gehört immer noch mir«, hört er die Mutter erregt sagen. »Du spielst den großen Mann, den Wirt, den Chef, aber tun willst du möglichst wenig. Ich bin nicht deine Altersversorgung. Wenn du dir das ausgerechnet hast, liegst du schief. Ich habe den Laden jahrelang allein geführt, ich kann es wieder tun.«

Onkel Willi lacht höhnisch. »Willst du mich etwa rauswerfen?«

Eine Weile ist es still. Dann sagt die Mutter: »Was bist du doch für ein Egoist! Daß du für die Jungen kein Verständnis aufbringst, das habe ich dir nicht mal sehr übelgenommen. Nicht jeder kann mit Kindern umgehen. Aber daß du mich nur wegen der Kneipe...« Sie verstummt, und Frank weiß: Sie hofft darauf, daß Onkel Willi sagt, er habe sie nicht nur wegen der Kneipe geheiratet. Aber Onkel Willi schweigt. Und dann hört Frank es knarren – Onkel Willi hat sich auf der Couch herumgedreht.

»Mein Gott!« sagt da die Mutter bitter. »Wie konnte ich nur auf einen so miesen Kerl hereinfallen.«

Das war er, der Tropfen, der das Faß zum Überlaufen bringt! Wenn die Mutter so etwas sagt, reicht es ihr wirklich. Frank huscht zurück in die Kammer und schließt schnell die Tür hinter sich.

»Haben sie sich jetzt geprügelt?« fragt Peter, der schon wieder eine Zigarette raucht.

»Nein!« antwortet Frank ärgerlich. Wieso meint Peter denn immer, daß Mutter und Onkel Willi sich prügeln?

»Wenn sie sich erst einmal streiten, prügeln sie sich auch bald.« Peter weiß Bescheid.

Der Gedanke, daß Onkel Willi die Mutter noch einmal schlagen könnte, behagt Frank nicht. Er nimmt sich vor, mit Burkie darüber zu reden. Sie müssen der Mutter helfen. Und da er nicht möchte, daß Peter glaubt, bei ihnen ginge es genauso zu wie bei seinen Eltern, sagt er: »Solange Burkie da ist, rührt Buffke meine Mutter nicht an.«

»Buffke?« Peter muß lachen. Er kannte Onkel Willis Spitznamen noch nicht. Aber dann wird er ernst: »Ja, wenn man einen großen Bruder hat! Ich hatte auch mal einen, der hat gegen die Russen gekämpft, und da haben sie ihn erschossen.«

»Im Krieg?«

»Hinterher«, erklärt Peter stolz. »Mein Bruder hat noch gekämpft, als der Krieg längst zu Ende war.«

Das versteht Frank nicht, und er will auch gar nicht mehr darüber wissen. Alles, was mit Hammersteins zusammenhängt, hat irgendwie mit dem Krieg zu tun. »Du mußt jetzt gehen«, sagt er. »Mein Bruder kommt gleich. Wenn der dich sieht...«

Peter zuckt die Achseln und geht.

Kaum ist Peter weg, kommt Burkie. Er ist ganz verschwitzt, es war ein hartes Training. Franks Bericht über Mutters Streit mit Onkel Willi aber macht ihn schnell wieder munter. »Hat sie das wirklich gesagt?« freut er sich. »Das ging ja schneller, als ich dachte.« Zufrieden legt er die Fußballschuhe beiseite und blickt verträumt vor sich hin. »Wenn er weg ist, holen wir als erstes Tante Lucie zurück. Das steht fest. Oder?«

Es gibt kein Oder, auch Frank denkt oft an Tante Lucie.

Stekerbutzen

Es ist Sonnabend, und das Wetter ist schön. Burkhard, Moni und Frank stehen auf dem S-Bahnhof, und keiner sagt etwas. Burkie und Moni genieren sich vor Frank, und der tut, als fahre er nur mit, um dem Bruder einen Gefallen zu tun. In Wirklichkeit ist er stolz auf sich, denn Moni war sehr nett zu ihm, als sie sich begrüßten.

Dann sitzen sie im Zug und fahren an Laubenkolonien entlang. Burkie und Moni tuscheln miteinander; Frank sieht aus dem Fenster und versucht die Kirschbäume zu zählen. Schließlich reicht es ihm. »Warum haste'n die Zwillinge nicht mitgebracht?« fragt er Moni. »Die mit den Sommersprossen bis zum Hintern.«

Burkie wird rot und zischt Frank zu, daß er die Klappe halten soll. Moni hat zwei jüngere Brüder, die Zwillinge Gerd und Gerhard. Die beiden haben rotblondes Haar und das ganze Gesicht, die Arme und Beine und auch den Rücken voller Sommersprossen. Burkie hat Frank von den beiden erzählt und dabei von Sommersprossen bis zum Hintern gesprochen. Aber natürlich wollte er nicht, daß Frank das Moni wiedererzählt.

Doch Moni ist nicht böse. »Die sind mir zu frech«, sagt sie nur. Und dann kramt sie in ihrem Netz herum und hält Frank eine Bockwurst hin.

Frank strahlt und greift zu.

»Kannste nicht danke sagen?« fährt Burkie ihn an.

»Das wäre ungezogen. Mit vollem Mund spricht man nicht.« Moni lacht, und Frank freut sich. Moni ist in Ordnung.

Burkie aber gibt an: »Das nächstemal denkste dran. Haste verstanden?«

Frank nickt und muß grinsen. Und Moni grinst auch. Burkie sieht das und wird noch ärgerlicher.

In Grünau verlassen sie die S-Bahn und wandern durch den Wald zur Dampferanlegestelle. Burkie spendiert ein Eis. Die Stimmung steigt wieder.

Das Motorschiff, das sie nach Marienlust übersetzt, ist voll. Sie stehen im Gang und können nicht viel sehen. Moni läßt sich dadurch nicht die Laune verderben. Sie legt fest, wer wen retten muß, falls der Kahn sinkt. »Burkie schnappt sich Frank, und ich rette den Kapitän«, sagt sie.

Frank muß ununterbrochen lachen.

In Marienlust gehen sie gleich ins Wasser. Burkie und Moni schwimmen hinaus, Frank bleibt im Flachen zurück. Er kann noch nicht schwimmen. Die beiden bleiben lange weg. Das ärgert Frank. Als die zurückkommen, macht er ein saures Gesicht und guckt sie nicht an.

»Kannste noch nicht schwimmen?« Moni ist völlig außer Atem. Sie hat sich von Burkie nicht abhängen lassen.

»Er hat Schiß«, antwortet Burkie.

Frank wird rot. Muß Burkie das vor Moni sagen?

»Ich hatte früher auch Angst«, erklärt Moni. »Jetzt macht's mir nichts mehr aus. Wir versuchen es nachher mal, ja?« Sie läßt sich auf ihr ausgebreitetes Handtuch fallen und hält ihr Gesicht in die Sonne.

Frank ist einverstanden. Wenn Moni dabei ist, wird die schon aufpassen, daß Burkie ihn nicht wieder untertaucht, um seinen Mut auszuprobieren.

Als die Sonne alle drei getrocknet hat, öffnet Burkie die Gläser mit Mutters Kartoffelsalat, echt nach Tante Lucies Geheimrezept, und Moni packt weitere Bockwürste aus. »Wir passen prima zusammen«, sagt sie. »Ihr habt 'ne Kneipe und wir 'nen Fleischerladen. Wir werden weder verhungern noch verdursten.«

Dann sind die Vorräte verputzt, und sie wandern durch den Wald nach Schmetterlingshorst. Moni und Burkie gehen Hand in Hand, und Frank schnitzt sich aus Borke ein Schiffchen. Das Taschenmesser hat Burkie ihm geliehen. Kurz vor Schmetterlingshorst verlangt er es zurück, sucht sich einen langen dünnen Ast, schneidet ihn ab und zieht eine Menge Zeugs aus seiner Hosentasche: Angelsehne, Pose, Senkblei und Haken.

Moni und Frank hocken sich ins Gras und sehen zu, wie Burkie eine Angel zusammenbastelt. Als er damit fertig ist, setzen sie sich zu dritt auf einen alten, schon ein wenig morschen Bootssteg, und Burkie befestigt ein zuvor durchgekautes Weißbrotkügelchen am Angelhaken und wirft ihn ins Wasser.

Eine Zeitlang passiert nichts. Frank sieht so angestrengt hin, daß er manchmal sogar zwei Schwimmer auf der leicht gekräuselten Wasseroberfläche tanzen sieht. Dann taucht das rote Plastikstück auf einmal halb unter, kommt wieder hoch und will erneut untertauchen. Burkie hebt die Angel ruckartig an, und am Haken zappelt es silbern; ein kleiner Fisch hat angebissen.

Moni jubelt. »Wir haben nämlich eine Katze«, erklärt sie Frank. »Die mag solche Stekerbutzen.«

Es bleibt nicht bei dem einen Fisch. Alle fünf Minuten zieht

Burkie einen »Kollegen« an Land, und Moni steckt die gefangenen Fische in ein Glas mit Wasser, wo sie wild drin herumschwimmen.

Es wird langweilig. Burkie hat nun schon ein Dutzend Stekerbutzen gefangen und denkt nicht daran aufzuhören. Die Sonne aber knallt unbarmherzig auf sie nieder.

»Du wolltest mir doch das Schwimmen beibringen«, flüstert Frank Moni zu. Er weiß ja, daß Burkie seine Angelei jetzt nicht unterbrechen wird. Und richtig, noch ehe Moni antworten kann, schüttelt Burkie auch schon den Kopf. »Jetzt nicht.«

Frank wird wütend. Haben Moni und er denn gar nichts zu sagen? Muß alles nach Burkies Pfeife tanzen? Er versucht es mit Quengeln, doch Burkie grinst nur. »Ich will, ich will«, äfft er ihn nach.

»Ärger ihn nicht«, bittet Moni. »Das ist nicht schön. Irgendwann muß er doch schwimmen lernen.«

Jetzt ist Burkie erst recht sauer. Wie oft hatte er sich bemüht, Frank das Schwimmen beizubringen; jedesmal endete es mit Geschrei und Tränen. Er zieht die Angel ein und schmeißt sie auf die Holzplanken. »Du willst schwimmen lernen?«

»Ja.«

»Bitte schön!«

Der Bruder packt Frank unter den Armen – und wirft ihn ins Wasser. Es geht so schnell – noch ehe Frank richtig begreift, schlägt das Wasser schon über ihm zusammen.

Er sinkt, er sinkt ewig. Er hat Angst, aber er ist auch überrascht. Muß er jetzt ertrinken? Bleibt er für immer in dieser grünen Welt?

Es geht wieder aufwärts, Franks Kopf taucht aus dem Wasser auf, und vom Steg beugen sich Moni und Burkie zu ihm herunter. Moni ist ängstlich, aber Burkie lacht. »Schwimm!« ruft er. »Schwimm, Frankie.«

Da wird Frank ganz ruhig und beginnt zu schwimmen, macht genau die Armbewegungen, die Burkie ihm schon so oft gezeigt hat. Und es geht, er kommt vorwärts. Doch er schwimmt nur um den Steg herum, so daß Burkie ihn jederzeit greifen kann.

Aber das ist gar nicht nötig. Burkie klatscht in die Hände. »Prima, Frank, prima!« Und auch Moni jubelt. »Na siehste! So einfach ist das.«

Frank wird übermütig. Er schwimmt schneller, schluckt Wasser, bekommt Angst und klammert sich an einem der Pfähle fest, die den Streg tragen. Der Pfahl jedoch ist mit grünem, dickem Tang bewachsen, er rutscht ab, es ist zu glitschig. »Bu...« ruft er – und hat auch schon den Mund voll Wasser. In diesem Moment greift Burkie zu und zieht ihn heraus.

In nasser Hose und angeklitschtem Hemd steht Frank auf dem Steg und ärgert sich. Der Schwimmversuch hatte so gut angefangen, und nun das! Doch Moni lobt ihn: »Bei mir hat das viel länger gedauert.«

Danach wringen Burkie und Moni Franks Hemd und Hose aus, hängen sie zum Trocknen in die Sonne, ziehen wieder ihre Badeanzüge an und springen selber ins Wasser. Und Frank sitzt auf dem Steg und schaut ihnen zu. Er ist wieder mal sehr stolz auf sich: Endlich kann er schwimmen. Zwar nicht so gut wie Burkie und Moni, die ihm jetzt allerlei Kunststückchen vorführen, aber immerhin.

Zum Schluß müssen sich die drei beeilen, um die letzte Fähre noch zu erreichen. Sie erwischen sie mit Mühe und Not und beobachten zufrieden, wie das Motorschiff laut tuckernd von der Brücke ablegt.

Auf dem Weg vom Bahnhof zur Raumerstraße machen Moni und Burkie sich gemeinsam über ihre Lehrer lustig. Ganz ausgelassen sind sie, viel alberner als Frank. Vor der Fleischerei Ehrlich verabschieden sie sich dann. »Solche Ausflüge machen wir jetzt öfter«, sagt Moni. Und da sie dabei auch Frank anschaut, betrachtet er sich als mit eingeladen.

Zu Hause gehen Burkhard und Frank gleich in die Küche. Burkie nimmt eine Pfanne aus dem Schrank, gibt Margarine hinein, stellt sie auf den Gasherd und steckt das Gas an. Als das Fett brutzelt, legt er Schwarzbrotscheiben hinein, röstet sie von beiden Seiten und streut braunen Rohzucker darüber.

Frank langt zu. Er hat Hunger wie ein Walfisch, und Burkies Kracher schmecken wirklich prima. Burkie ißt langsamer und denkt dabei nach. Und dann sagt er: »Alles könnte so schön sein – wenn nur dieser Buffke nicht wäre.«

Frank läßt die Hand mit dem Kracher sinken. »Mußte jetzt mit dem anfangen?« Er hat eine so gute Laune, er will jetzt nicht an Onkel Willi denken.

Zwei Jungen im Wald

Strahlend betritt Frank die *Gemütliche Ecke*. Er hat eine Mutprobe bestanden, ist von der zwei Meter hohen Ruinenmauer am Bezirksamt gesprungen und wird deshalb von Peter in seine Bande aufgenommen. Ganz selig ist er, doch dann vergeht ihm die Freude: Die Mutter sitzt am kleinen Ecktisch neben dem Klavier – und neben ihr sitzt eine ältliche Frau in einem schwarzweiß gepunkteten Kleid: Fräulein Belinsky, seine Lehrerin.

Fräulein Belinskys kleiner grauhaariger Kopf verschwindet fast hinter dem riesigen Glas Weiße mit Schuß, aus dem sie trinkt. Sie lächelt Frank heiter zu, sagt aber nichts. Es ist schon alles besprochen. Und auch die Mutter hat keine Zeit, sich jetzt mit ihm zu unterhalten.

Erst als er sich gewaschen hat und die Mutter Burkie und ihm das Abendbrot bringt, setzt sie sich zu ihm.

»Im Rechnen bist du der Beste, sagt deine Lehrerin.«

Frank wächst ein kleines Stückchen. Das stimmt. Im Rechnen, besonders im Kopf- und Schnellrechnen, macht ihm keiner was vor. Doch die Mutter hat nicht viel Zeit, und so kommt sie nach dem Lob gleich zum Tadel: »Aber mit dem Lesen hapert es immer noch.«

»Wer nicht lesen kann, ist ein Trottel.« Burkie ist wieder einmal ganz der große Bruder. »Aber warte nur, das kriegen wir schon hin. Deine Augen werden noch Blasen an den Füßen bekommen.«

»Kann ich mich darauf verlassen? Übst du mit ihm?«

Die Mutter sieht Burkie hoffnungsvoll an. Der Bruder nickt,

aber er blickt nicht hoch. Zwischen der Mutter und ihm ist nicht nur alles wieder in Ordnung, es ist sogar noch besser als früher. Es ist eine neue Zärtlichkeit zwischen ihnen, eine Zärtlichkeit, wie sie es zu der Zeit, als Tante Lucie noch bei ihnen wohnte, nicht gegeben hat.

Die Mutter nimmt Burkies Hand. Jetzt muß er sie ansehen. »Nicht wahr«, fragt sie, »wir halten doch zusammen?«

»Na klar!« sagt Burkie.

»Na klar!« sagt auch Frank. Zwar hat die Mutter ihn nicht angesehen, aber wenn zusammengehalten wird, will auch er dabei sein.

Nach dem Abendbrot geht Frank dann gleich in den ersten Stock hoch, legt sich ins Bett, verschränkt die Arme unter dem Kopf und sieht sich wieder auf der Mauer stehen, sieht Peter springen, Matze und Jockel – und sich dastehen und zögern. Bisher ist er noch nie da heruntergesprungen. Er hatte sich immer nur an den Händen herabgelassen und sich damit getröstet, daß Peter und Matze ja schließlich zwei Jahre älter waren. Dieser Trost aber wirkte nicht richtig, denn Jockel ist nur drei Wochen älter und springt schon lange dort herunter. Und nun hatte Peter gesagt, wer in seine Bande will, muß da herunterspringen, Feiglinge wolle er nicht...

Der Sprung von der Mauer wurde zur Bedingung, um die er nicht herumkam, nur deshalb sprang er. Es war fast wie in Grünau, als Burkie ihn ins Wasser stieß – Peters Forderung war auch so ein Schubs.

Die Angst beim Absprung, er spürt sie noch. Und die Erleichterung, als er heil unten ankam. Vor allem aber das tolle Gefühl, den Sprung gewagt und die Probe bestanden zu haben.

Aus Begeisterung darüber hat er es gleich noch mal probiert, und dann noch einmal. Immer wieder ist er hochgeklettert und runtergesprungen – bis er längst keine Angst mehr hatte, es den anderen zu langweilig wurde und Peter sagte, wenn er nun noch einen Einstand spendet, wird er endgültig aufgenommen.

Der Einstand ist nicht so schlimm, die zwanzig Zigaretten sind schnell aus dem Regal genommen, aber daß er von der Mauer gesprungen ist und es von nun an immer wieder tun kann, das ist eine Leistung, eine richtige Leistung... Zwei Meter sind ja schließlich kein Klacks.

Burkie kommt, hält ein Buch in den Händen und setzt sich zu Frank aufs Bett. »Na? Spielste wieder Frank guck in die Luft?«

Frank antwortet nicht, will jetzt nicht gestört werden, aber der Bruder läßt nicht locker, deutet auf sein Buch und fragt: »Soll ich dir was vorlesen?«

»Nee.«

»Ist aber sehr spannend.«

»Meinetwegen.« Frank gibt sich gnädig. Soll Burkie ihm vorlesen, er kann dabei ja weiter nachdenken, träumen, sich Bilder ausmalen: Er auf dem Drei-Meter-Brett im Schwimmbad, keiner traut sich, er aber springt... Er kann ja nun beides: schwimmen und springen... Doch die Geschichte, die Burkie vorliest, ist tatsächlich sehr spannend. Frank wird abgelenkt, *muß* einfach zuhören. Von zwei Jungen wird da erzählt, die durch einen verschneiten Wald laufen und für den Heiligen Abend einen Tannenbaum suchen. Sie suchen lange, denn es soll der allerschönste Tannenbaum sein. Endlich haben sie den richtigen gefunden, schlagen ihn und machen sich auf den

Rückweg. Da beginnt es zu schneien, und der Schnee verwischt die Spuren. Die beiden Jungen laufen und laufen, verirren sich und finden nicht mehr nach Hause. Es wird Nacht, der kleinere weint; er fürchtet, im Wald erfrieren zu müssen. Doch sein großer Bruder macht ihm Mut: »Wir werden den Weg schon finden.« Und dann, nach langer vergeblicher Wanderschaft, sehen die beiden Jungen...

Burkie legt das Buch beiseite. »Mann, bin ich müde!« Er gähnt, geht in sein Bett und zieht sich die Decke über den Kopf.

Frank ist hellwach. Da ist der verschneite Wald, und da sind die beiden Jungen, die wie kleine Punkte durch die weiße Landschaft irren. Er kann sich gut in die Lage des kleineren der beiden versetzen, deshalb beugt er sich vor und zieht am Fußende von Burkies Bettdecke. »Kennste die Geschichte schon?«

Burkie grunzt nur.

»Wie geht sie aus? Was sehen sie?«

»Lies selbst.«

»Ich kann doch...« Oh! Frank wird alles klar. War da nicht eben ein unterdrücktes Kichern zu hören? Das Ganze war nur ein Trick...

»Du Schuft!«

Burkies Kopf taucht unter der Bettdecke auf. »Lesen ist langweilig, nicht wahr?«

»Lies mir die Geschichte zu Ende vor!« bittet Frank. »Ich fang auch gleich morgen an, Lesen zu üben. Großes chinesisches Paprikaschoten-Ehrenwort.«

»Prima!« freut sich Burkie. Aber er steht nicht auf, knipst nur seine Nachttischlampe aus.

Frank liegt da und versucht wieder an das Schwimmbad zu denken. Er auf dem Turm, die anderen Kinder schreien...

Es geht nicht. Immer wieder sieht er die beiden Jungen im Wald, sieht sie herumirren, spürt es richtig immer kälter werden. Der Kleine hat schon eine ganz rote Nase, und auch der große Junge wird langsam mutlos. Da sehen sie... Was? Was kann man sehen mitten in einem verschneiten Wald? Und noch dazu nachts?

Wieder blickt Frank zu Burkie hin, aber der schläft nun wirklich. Frank schnappt sich das Buch, blättert darin herum, findet aber nicht die richtige Seite. Wütend wirft er es auf den Fußboden. Kein einziges Wort wird er morgen mit Burkie reden. Nicht mal piep wird er sagen.

Wer's zu eilig hat...

Frank kommt nicht dazu, seinen Vorsatz wahr zu machen. Als er am Morgen erwacht, steht Burkie schon vor seinem Bett. »Los! Komm!« ruft der Bruder aufgeregt. »Bei uns ist eingebrochen worden.« Und damit flitzt er auch schon los, ohne sich erst lange was über den Schlafanzug zu ziehen.

Eingebrochen worden? Es dauert ein Weilchen, bis Frank begreift, was diese Worte bedeuten. Dann aber springt er wie von der Tarantel gestochen aus dem Bett, zieht nur schnell die Turnhose über das Nachthemd und flitzt hinter Burkie her.

Auf der Straße stehen schon eine ganze Menge Leute vor dem herausgebrochenen Kellergitter und streiten laut miteinander. Onkel Willi, noch im Bademantel, ist mitten unter ihnen. Er redet, als hätten die Einbrecher sein ganzes Hab und Gut gestohlen. Die Mutter, die auch dabei ist, ist ganz ruhig. Sie hat längst alles geprüft. »Die wollten durch den Keller an die Kasse«, sagt sie zu Burkhard. »Aber die Luke hat gehalten.« Direkt hinter der Theke ist der Einstieg zum Keller. Die Mutter verrammelt die Luke jeden Abend mit zwei Balken und drei Riegeln. An die Riegel hängt sie große Schlösser. Das hat sich gelohnt, die Kasse ist unversehrt, es fehlt kein Pfennig.

Frank muß daran denken, wie oft die Mutter und Tante Lucie davon gesprochen haben, daß bei ihnen mal eingebrochen werden könnte. In schlechten Zeiten gibt es viele schlechte Menschen, hat Tante Lucie immer gesagt. Und sie hat oft davon geredet, was sie den Einbrechern alles erzählen würde, falls sie einen von ihnen erwischen sollte: Bei einer

Kriegerwitwe mit zwei Kindern einzubrechen! Nun ist es also passiert.

»Soll ich mal reingehen, nachschauen, wie's im Keller aussieht?« bietet sich der große Bruder gleich an.

Die Mutter will Burkie zurückhalten. Sie meint, es wäre besser, auf die Polizei zu warten. Aber da ist Burkhard schon durchs Kellerfenster gekrochen. Frank will sofort hinterher, die Mutter erwischt ihn gerade noch am Hemdkragen. »Du kommst mit mir«, sagt sie zu ihm. »Wir gehen durch die Luke.« Und während Onkel Willi und die Umstehenden noch rätseln, wem eine solche Tat zuzutrauen sei, geht Frank mit der Mutter durch den Hintereingang in die Gaststube. Gemeinsam entriegeln sie die schwere Kellerluke und heben sie hoch.

Frank steckt erst mal nur den Kopf in die Öffnung. »Burkie!« ruft er.

Keine Antwort.

Frank wird es komisch im Bauch. »Burkie!« ruft er noch einmal. »Burkie!«

Wieder keine Antwort. Sind da etwa noch Einbrecher im Keller? Und haben sie Burkie geschnappt? Frank wird es angst und bange um den Bruder, doch da, auf einmal – ein Grunzen. Das muß Burkie sein. Vorsichtig tastet sich Frank zwei, drei Stufen weit die dunkle Kellertreppe hinab, dann bleibt er wieder stehen. Warum hat Burkie denn kein Licht angemacht?

Die Mutter schiebt Frank ein Stückchen beiseite, sucht den Lichtschalter und findet ihn. Die Glühlampe an der Decke flammt auf. Im ersten der drei Kellergewölbe stehen die beiden großen Kartoffelkisten und die vielen Regale mit den leeren Schnaps- und Bierflaschen. Burkie aber ist nirgends zu sehen.

»Burkie?« ruft Frank wieder. Und dann geht er an der Hand der Mutter durch den ersten Kellerraum in den zweiten hinein, und die Mutter dreht auch in diesem Keller den Lichtschalter herum. Das ist der Bierkeller, hier stehen die vollen Fässer, in denen die Metalleitungen stecken, die zum Tresen hochführen. Doch auch hier ist Burkie nicht.

Im dritten Kellergewölbe, in dem das Holz und die Kohlen aufgestapelt sind, brennt bereits Licht. Der Bruder hat es angeschaltet. Und da entdecken sie ihn dann auch. Er steht neben dem großen Hackklotz, läßt die Arme hängen und sagt kein Wort.

»Burkhard! Junge! Was ist denn?« Die Mutter legt Burkhard die Hand unters Kinn und hebt es vorsichtig ein wenig an, um ihm besser ins Gesicht schauen zu können. »Was ist denn passiert?«

Der Bruder grinst. Es ist ein verlegenes Grinsen, aber doch eindeutig ein Grinsen. Ihm ist also nichts Schlimmes passiert. Oder etwa doch? Irgendwas riecht hier ganz furchtbar.

»Was stinkt denn hier so?« ruft Frank voller Erstaunen aus.

Burkie zeigt nur nach hinten.

Frank läuft um den Bruder herum und besieht sich dessen Hinterteil. »Ist das etwa – Kacke?«

Es ist Kacke. Auf dem Steinboden des Kellers liegt ein großer breitgedrückter Haufen. Als Burkhard den dunklen Keller betrat, ist er darauf ausgerutscht und mit dem Hintern drauf gelandet. Und weil er sich für seinen Zustand schämt, hat er nicht geantwortet, als Frank ihn rief.

Die Mutter hat Mühe, ernst zu bleiben. »Den haben uns die Einbrecher hierhergesetzt. Aus Wut. Weil sie nicht an die

Kasse kamen.« Schließlich aber muß sie doch lachen. »Ja«, sagt sie zu Burkie. »Wer's zu eilig hat, rutscht schnell mal aus.«

»Wenn ich die erwische!« Breitbeinig und so steif, als hätte er ein Brett in der Schlafanzughose, verläßt Burkhard hinter der Mutter und Frank den Keller.

An diesem Tag geht Frank allein zur Schule. Burkie muß erst mal duschen. Seinen Vorsatz, nicht mal mehr piep zum Bruder zu sagen, hat Frank längst vergessen. An die Geschichte von den beiden Jungen im Wald aber denkt er immer noch, nicht mal der Einbruch in den Keller konnte ihn davon ablenken.

Siebzehn sind nicht zwanzig

Frank steht in der Gaststube. Er ist allein, Onkel Willi ist gerade mal nach hinten gegangen. Vorsichtig schaut er sich um, dann greift er in das Zigarettenregal und nimmt aus jeder angebrochenen Packung zwei, drei Zigaretten, die er hastig in die Hosentaschen schiebt. Plötzlich aber hält er inne und dreht sich um: Onkel Willi! Er steht in der Tür zum Hinterzimmer und schaut ihm zu.

»Ich.... ich«, kann Frank nur stottern, dann läuft er fort, raus aus der Gaststätte über die Prenzlauer Allee, hin zu dem Ruinengrundstück neben dem Bezirksamt, vor dem er sich mit Peter, Matze und Jockel treffen will und wo Peter schon auf den Steinstufen vor dem zugemauerten Portaleingang sitzt und ihm entgegenschaut.

»Zeig her!« Ungeduldig nimmt Peter Frank die Zigaretten ab und zählt sie. »Sind ja nur siebzehn«, sagt er enttäuscht.

»Mehr ging nicht.« Frank ist völlig außer Atem. Aber nicht so sehr, weil er gelaufen ist, sondern weil ihm der Schreck noch immer in den Gliedern sitzt. Was wird Onkel Willi der Mutter jetzt sagen? Und wie enttäuscht wird die Mutter sein?

»Siebzehn sind nicht zwanzig«, beharrt Peter streng. »Die anderen drei mußte auch noch bringen.«

»Aber nicht heute.« Der Gedanke, noch einmal in das Zigarettenregal greifen zu müssen, erscheint Frank nach dem, was er eben erlebt hat, unvorstellbar.

»Nicht heute, aber bis spätestens nächste Woche«, bestimmt Peter. »Solange nehmen wir dich nur zur Probe auf.«

Frank hat auf einmal gar keine Lust mehr, in Peters Bande

einzutreten. Wenn Peter wegen drei Zigaretten einen solchen Wind macht, gibt er bestimmt öfter so an. Und wenn er immer nur herumbefiehlt, macht das Bandenspielen sowieso keinen Spaß.

Endlich kommen auch Matze und Jockel angelaufen. Matze ruft schon von weitem: »Hat's geklappt?«

Frank will ja sagen, traut sich das aber nicht. Er befürchtet, daß Peter sofort wieder einschränkt: Bis auf drei Stück. Aber Peter sagt nichts, steht nur auf und klettert den anderen voran auf die Mauer hinauf. Er will nun auch Frank die Höhle zeigen, die Matze und Jockel schon kennen.

Der zerstörte Häuserkomplex neben dem Bezirksamt ist das einzige größere Trümmergelände in ihrer Gegend. In anderen Stadtteilen sind wesentlich mehr Bomben gefallen. Die Frankfurter Allee zum Beispiel ist völlig zerbombt worden, da ist kaum ein Stein auf dem anderen geblieben. In der Raumerstraße hat es nur ein einziges Haus erwischt – eine Sauerkrautfabrik. Als die Jungen mal in diesem Haus herumstöberten, entdeckten sie dort noch die Werbezettel für *Fabricius – ff Sauerkraut.* Doch in der Sauerkrautfabrik kann man keine Höhlen bauen, eine Höhle im ersten oder zweiten Stock ist blöd. Die Ruinen neben dem Bezirksamt eignen sich besser dafür, denn von den Häusern, die dort mal standen, ist nichts übriggeblieben außer den inzwischen mit Unkraut und manchmal sogar kleinen Bäumen bewachsenen Keller- und Erdgeschoßräumen und ein paar Mauern im ersten Stock. Und mitten zwischen all dem Grün im ersten Stock der riesige Tresorraum mit der verrosteten Stahltür, über den die Jungen und Mädchen rund um den Nordmarkplatz die tollsten Vermutungen anstellen. Schätze sollen drin sein, wichtige Papiere oder sogar die Leichen von Leuten, die sich vor einem Bombenangriff da hineingeflüchtet hätten und – wie die Kinder sich erzählen – danach nicht wieder herausgekommen und erstickt wären. Doch etwas genaues weiß keiner, die Tür zu dem Tresorraum kriegt man nicht auf.

»Vorsicht!« Peter deutet zu dem Pförtnerhäuschen neben dem Bezirksamt hin. »Wenn die uns sehen, machen sie Jagd auf uns. Dann mußte flitzen.«

Frank nickt. Er hat schon wieder Angst. Zwar sind Ruinen für ihn nichts Besonderes, er ist ja mit ihnen aufgewachsen, aber da sie gerade an der Tresormauer entlangschleichen, muß er an die Toten denken, die da vielleicht drin sind. Wenn Burkie auch gesagt hat, daß das alles Blödsinn sei, er könne sich noch daran erinnern, daß der Tresor gleich nach dem Krieg geöffnet und alles, was drin war, weggefahren worden sei – an den Toten in seiner Phantasie ändert das nichts.

Eine Treppe. Mitten in all dem Schutt und kaputten Gemäuer befindet sich auf einmal eine Treppe, die nach unten führt. Peter steigt sie hinab, und Matze, Jockel und Frank folgen ihm.

»Haste Angst?« Jockel grinst.

Frank schluckt und schüttelt den Kopf.

»Wer Angst hat, den würde ich auch nicht nehmen.« Peter guckt Frank schon wieder so streng an.

Frank findet, daß Peter als Bandenchef ganz anders ist als sonst, und tröstet sich damit, daß ihn ja keiner zwingen kann, in Peters Bande mitzumachen, wenn er nicht will. »Wo ist denn nun deine Höhle?« fragt er, um Peter und Jockel von ihrem Lieblingsthema abzulenken.

»Wirste schon sehen«, sagt Peter nur und führt die drei Jungen wieder durch allerhand Gänge und Räume, in denen irgendwann einmal Möbel gestanden haben müssen; die hellen Flecke an den halb herabgerissenen Tapeten verraten es. Dann aber stehen sie plötzlich wieder im Freien und befinden sich in einem großen Raum, der keine Decke mehr hat und in dem deshalb besonders viel und hohes Unkraut wächst. Sogar meterhohe Disteln sind darunter. In einer Ecke dieses Raumes sind Ziegelsteine aufgeschichtet worden, und über diesem Viereck aus Steinen liegt ein großes, mit Trümmerbrocken beschwertes Blech:Peters Höhle.

Peter schiebt den alten, von Regen und Wind schon ganz morschen Sack beiseite, der den Eingang schützt, kriecht hinein und winkt. Jockel und Matze folgen ihm sofort, sie waren ja schon mal hier, Frank tastet sich nur vorsichtig hinein. In den Trümmern gibt es Ratten und Mäuse, jede Menge Spinnen und andere Insekten und vor allem Tausendfüßler und Steinasseln. Unter fast jedem Stein liegen sie, dreht man ihn herum, krabbeln sie eilig fort. Er muß sich vor den grauen Viechern nicht fürchten, sie können ihm nichts tun, aber irgendwie eklig sind sie doch.

Es ist dunkel in der Höhle, und es riecht muffig. Frank gibt sich Mühe, nichts zu berühren. »Haste kein Licht?« fragt er beklommen.

»Klar hab ich Licht!« Peter zündet eine Kerze an, die er in der Höhle versteckt hatte, und Frank erkennt erleichtert, daß das Weiche, auf dem sie nun im Kreis hocken, alte Matratzen sind.

»Hier findet uns keiner.« Jockel strahlt Frank über sein ganzes blasses Gesicht stolz an. Und Matze will es sich gleich gemütlich machen und hat Lust, eine zu rauchen. Er ist Peters Stellvertreter als Bandenchef und darf ab und zu auch mal Vorschläge machen.

Peter gibt jedem eine Zigarette und warnt Frank. »Paß auf, daß du uns nicht die Matratzen ansteckst.«

Frank paßt auf, und eine Zeitlang rauchen die Jungen nur schweigend. Dann erzählt Peter, daß er noch eine zweite Höhle besitzt, die er aber niemandem zeigt, weil er dort seine Schätze versteckt hat.

»Was für Schätze denn?« will Frank wissen.

Peter tippt sich an die Stirn. »Das werde ich dir gerade verraten! Damit du hingehst und mich ausraubst.«

Frank will sagen, daß er kein Dieb ist, läßt das aber lieber: Er ist ja doch einer, die Zigaretten beweisen es.

Sie rauchen die Zigaretten auf, und Peter versteckt die übrigen dreizehn in einem Fach in der Mauer, an die seine Höhle grenzt. Er nimmt einfach einen losen Stein heraus, legt die Zigaretten, die er vorher sorgsam in Zeitungspapier gewickelt hat, in das Fach und fügt den Stein wieder ein. Wer es nicht weiß, käme nie auf die Idee, daß dahinter ein Versteck ist. Und Zeitungspapier hat Peter jede Menge in seiner Höhle, er braucht es zum Feueranmachen und falls einer mal kacken muß. Er sagt, er könnte es wochenlang in seiner Höhle aushalten – nur ein Lebensmittelvorrat fehle ihm noch.

»Und vor allem was zu trinken«, ergänzt Frank. Burkie hat mal gesagt, wenn einer lange nichts zu essen und zu trinken bekommt, verdurstet er; zum Verhungern kommt es dann erst gar nicht mehr.

Peter überlegt nur kurz. »Gut!« sagt er zu Frank. »Aber für

die Getränke bist du zuständig. Ihr habt ja schließlich eine Kneipe.«

Schon wieder er! »Und was besorgt ihr?« fragt Frank lustlos.

»Matze muß Decken klauen«, teilt Peter weiter Befehle aus. »Falls wir hier mal übernachten müssen. Und Jockel was zu essen.«

»Und woher?« protestiert Jockel.

»Das ist deine Sache.«

Jockel sagt nichts mehr, besonders glücklich über den Auftrag ist er nicht. Und auch Matze kratzt sich nachdenklich den Kopf.

»Und was besorgst du?« Frank will es nicht hinnehmen, daß Peter nur Aufträge erteilt, aber Peter schüttelt stur den Kopf: »Gar nichts. Ich hab die Höhle gebaut und bin euer Chef. Das reicht.«

Peters Höhle ist ein Argument, auf das Frank nichts erwidern kann.

Die vier Jungen hocken lange in der Höhle, die, je länger sie sich darin aufhalten, immer gemütlicher wird. Und je wohler sie sich fühlen, desto tollere Pläne entwerfen sie. Matze schlägt vor, in den Trümmern nach einem kleinen Kanonenofen zu suchen, damit sie es im Winter warm haben. Jockel ist dafür, daß sie die Steine von innen anstreichen oder Tapeten drüberkleben. Frank will um die Höhle herum einen Garten anlegen und Radieschen, Gurken und Erdbeeren anpflanzen. Peter ist mit allen Vorschlägen einverstanden. Besonders Franks Idee imponiert ihm. Einen richtigen kleinen Bauernhof will er aufbauen; so einen, wie seine Eltern einst hatten. Und wenn sie auch keine Kühe oder Pferde halten können, Kaninchen und Hühner können sie gut hier unterbringen.

Dann muß Jockel nach Hause, und Peter, Frank und Matze gehen mit und hocken noch eine Zeitlang vor der Haustür herum, um ihre Träume weiterzuspinnen. Bis dann auch Matze nach oben muß und Peters Mutter kommt. Frank bleibt allein und schaut von weitem zur *Gemütlichen Ecke* hin. Auch er muß nun nach Hause. Doch er zögert die Begegnung mit der Mutter lieber noch ein bißchen hinaus. Was er getan hat, war ja fast so etwas wie der Einbruch neulich. Schließlich aber faßt er sich ein Herz und betritt die Gaststätte.

Die Mutter steht gerade am Zapfhahn und ist damit beschäftigt, eine ganze Batterie leerer Biergläser zu füllen. Als sie Frank sieht, läßt sie alles stehen und liegen und zieht ihn ins Wohnzimmer. »Warum hast du das getan?« schreit sie ihn an. »Wie kannst du deine eigene Mutter bestehlen?«

Was soll er sagen? Soll er schwindeln? Es preßt ihm den Hals zusammen. Er schämt sich. Und jetzt kommt auch noch der Satz, den er erwartet hat und der ihm die Tränen in die Augen treibt: »Burkhard hätte so was nie getan.«

Unter Schluchzen berichtet Frank von Peters Bande, sagt, daß Peter nicht so ist, wie alle denken, und daß er so gerne Mitglied werden wollte in seiner Bande.

Die Mutter hört zu und schüttelt immer wieder nur den Kopf. Ihre Wut aber verraucht langsam. »Wenn du mir versprichst, so was nie wieder zu tun, wollen wir es vergessen«, sagt sie schließlich und wischt Frank die Tränen fort.

Frank ist bereit, alles zu versprechen.

Burkie ist nicht so großzügig wie die Mutter. Als Frank und er beim Abendbrot zusammensitzen, hält er ihm eine Moralpredigt und nennt Peter einen Spinner, dem er keine drei Meter weit trauen würde. »Und für so einen stiehlst du auch noch. Man könnte meinen, du hast nur Vanillepudding im Kopf.«

Unglücklich kaut Frank an seiner Stulle herum. Was Peter betrifft, hat Burkie bestimmt unrecht. Peter mag sein, wie er will, schlecht ist er nicht. Was ihn selbst betrifft, hat der Bruder vielleicht recht. Als er die Mutter bestahl, hat er Onkel Willi einen Gefallen getan, weil er ihm damit wieder einen Grund lieferte, auf der Mutter und ihm herumzuhacken.

»Und sich dann auch noch erwischen lassen!« Burkie ist immer noch nicht fertig. »Warum haste denn nicht wenigstens gewartet, bis er auf seiner Couch liegt und pennt?«

Weil es dann zu spät gewesen wäre, weil Peter ja schon auf ihn wartete, könnte Frank erwidern. Doch er sagt das lieber nicht, überläßt sich nur seiner Trauer. Mitten ins schönste Trauergefühl hinein aber wird auf einmal die Tür aufgerissen, und Onkel Willi kommt in die Küche gestürzt. Er haut ihm gleich links und rechts eine runter und schreit: »Das ist für die zwanzig Zigaretten! Und das dafür, daß du es direkt vor meinen Augen getan hast.«

»Es waren ja gar nicht zwanzig, es waren siebzehn«, schreit Frank zurück und will flüchten. Doch Onkel Willi läßt ihn nicht weg. Er hält ihn am Genick gepackt und schlägt noch einmal zu. »Siebzehn! Zwanzig! Als ob das wichtig wäre.«

Am liebsten würde Frank sagen, daß das sogar sehr wichtig ist. Wenn er zwanzig gestohlen hätte, müßte er ja nicht noch mal stehlen. Aber natürlich darf er das nicht. Und er wäre auch gar nicht dazu gekommen, denn Onkel Willi hört immer noch nicht auf, ihm ins Gesicht zu schlagen. Wie ein Hagelschauer prasseln die Ohrfeigen nun auf ihn nieder – links, rechts, links, rechts – und immer mit der gleichen freien Hand; mit der anderen hält Onkel Willi ihn so fest gepackt, daß er weder fliehen noch den Kopf abwenden kann.

»Laß ihn los! Du sollst ihn loslassen! Du bringst ihn ja um!« Endlich hat Burkhard sich aus seiner Erstarrung gelöst. Kreidebleich vor Schreck reißt er Onkel Willi von Frank weg.

Onkel Willi atmet schwer und will nun auch Burkie schlagen, doch der Bruder ist wieder mal schneller, taucht weg und läuft aus der Tür. Frank will ihm nach, aber das geht nicht, ohne in Onkel Willis Reichweite zu gelangen. Deshalb geht er nur langsam rückwärts, bis er vor dem Fenster steht. Dort klettert er aufs Fensterbrett und drückt sich durch die Gitterstäbe, die zum Schutz gegen Einbrecher dort angebracht sind, in den Hof hinaus. Durch den Hausflur läuft er auf die Straße und durch den Gaststätteneingang wieder in die *Gemütliche Ecke* hinein. Er sieht die Mutter hinter der Theke stehen, sieht Burkie auf sie einreden und läuft auf die Mutter zu, um sich an sie zu pressen und in ihre Kittelschürze zu heulen.

An diesem Abend schreibt die Mutter einen Brief. An Tante Lucie. »Ich habe einen Fehler gemacht«, schreibt sie, »den schlimmsten meines Lebens...«

Burkie schaut der Mutter über die Schulter und liest mit, was sie schreibt. »Warum läßte dich nicht von ihm scheiden?« fragt er, als sie fertig ist.

Die Mutter lehnt sich zurück und guckt traurig. »So leicht geht das nicht... Dazu braucht man Gründe.«

»Haste die nicht?«

»Solange er nur euch schlägt und nicht mich, scheidet uns niemand.«

»Aber er hat dich doch schon mal geschlagen.« Frank ist noch immer ganz kleinlaut und weicht nicht von der Mutter, so, als benötige er nun ihren ständigen Schutz.

»Du meinst den Schlag mit dem Rohrstock?« Die Mutter streichelt Frank, dessen Gesicht von den vielen harten Ohrfeigen ganz geschwollen ist, den Rücken. »Er wird sagen, daß das nur ein Versehen war.«

»Aber uns darf er schlagen, da ist es ganz egal, ob Versehen oder Absicht.« Burkie guckt böse. »Was sind denn das für Gesetze?«

Die Mutter zuckt die Achseln. »Es ist, wie es ist. Kein Gericht scheidet eine Ehe, nur weil der Vater die Kinder schlägt. Und wenn sie dann noch hören, daß es um gestohlene Zigaretten ging, und gleich um zwanzig Stück, würden sie ihm sowieso recht geben.«

Siebzehn, will Frank wieder sagen, nicht zwanzig, doch er bringt kein Wort heraus. Wenn das stimmt, was die Mutter eben gesagt hat, dann nützt das übergelaufene Faß gar nichts, dann haben Burkie und er sich umsonst gefreut.

Lieber Besuch

Das Küchenfenster steht sperrangelweit auf, die Sonne zeichnet Muster auf den Fußboden. Burkie sitzt auf dem Küchenhocker, fettet seine Fußballschuhe ein und pfeift dabei leise vor sich hin. Heute ist ein bedeutender Tag, die Nordmeisterschaft wird entschieden. Gewinnt der SC Nordring, ist er Meister. Er arbeitet sehr sorgfältig, in jede Ritze dringt sein mit Spezialfett getränkter Lappen. Seine Hände sind gänzlich verschmiert, ein Schmutzstreifen zieht sich über seine Stirn.

Frank sitzt neben dem Bruder auf dem Küchenboden, hält die Schuhbürste in der Hand und wartet. Er ist Spezialist im Blankmachen von Fußballschuhen. Er bürstet sie, bis sie aussehen wie zwei mit Speckschwarten eingeriebene Ostereier. Doch es dauert seine Zeit, bis Burkie das Einverständnis zum Bürsten gibt. Das Fett muß erst einziehen.

Vom Küchenfenster kommt ein Geräusch. Hotte steht auf dem Hof und preßt seinen Kopf dermaßen zwischen die Gitterstäbe, daß seine Nasenspitze Mutters Primeltopf berührt. Er schnuppert verzückt. »Eine Biene müßte man sein!« Dann zieht er seinen Rüssel wieder ein und fragt überaus ernst: »Wann dampfen wir ab, Herr Kapitän?«

Burkie streckt zwei Finger in die Luft: Um zwei.

Hottes Kopf verschwindet aus dem Fensterrahmen, und bald darauf hören sie ihn auf dem Hof laut singen. Burkie muß lachen. Hotte hat fast immer gute Laune, ist ein prima Freund.

An der Hintertür klopft es zaghaft.

»Hotte?« Frank guckt Burkie an.

Burkie grinst und nickt. Hotte erlaubt sich öfter solche Scherze. Kommt man dann zur Tür, ist keiner da.

Frank schleicht sich zur Tür, reißt sie plötzlich weit auf und schreit laut: »Hau ab, du Arsch!« Doch er hat den Satz noch nicht ganz heraus, da durchzuckt ihn schon ein Schreck: Vor der Tür steht Tante Lucie.

»Darf ich trotzdem hereinkommen?«

»Ich... ich dachte...«, will Frank sich entschuldigen, aber Tante Lucie läßt ihn gar nicht erst aussprechen. Sie nimmt ihn auf den Arm und küßt ihn ab, was er sonst überhaupt nicht mag. Dann läßt sie ihn gehen und wendet sich Burkie zu. »Na, du Rabauke!«

Frank wartet die Begrüßung der beiden gar nicht erst ab, sondern flitzt gleich in die Gaststube und trompetet der Mutter zu: »Tante Lucie ist da!«

Die Gäste gucken erstaunt und lachen, die Mutter aber, die gerade beim Gläserspülen war, trocknet sich nur eilig die Hände ab und kommt gleich mit in die Küche. Dort fallen sich die beiden Frauen in die Arme und bleiben lange so stehen. Hinterher wischen sie sich beide verstohlen die Augen.

»Das ist aber schön, daß du mal vorbeikommst«, sagt die Mutter dann immer wieder, während sie für Tante Lucie und sich Kaffee kocht. Und Tante Lucie lenkt sich ab, indem sie den mitgebrachten Streuselkuchen auspackt, auf den Frank schon die ganze Zeit gelauert hat. Daß Tante Lucie nicht ohne was zu futtern kommt, hat er sich denken können.

Wenig später sitzen die beiden Frauen im Hinterzimmer, trinken Kaffee und essen Streuselkuchen und gucken sich an.

»Du siehst schlecht aus, Lisa«, sagt Tante Lucie.

Die Mutter nickt. »Ich sehe so aus, wie ich mich fühle.« Und dann schüttet sie Tante Lucie ihr Herz aus und schont dabei weder Onkel Willi noch sich selber. Auf die eigene Dummheit schimpft sie sogar am meisten. »Ich bin doch kein junges Ding mehr«, sagt sie. »Wo hatte ich nur meine Augen?«

Und dann fällt auch wieder das Wort Scheidung. Die Mutter preßt die Hände zusammen. »Ich kann doch nicht einfach zu einem Rechtsanwalt gehen und sagen, ich möchte geschieden werden. Willi bietet mir keinen Anlaß dafür. Er hat sich ins warme Nest gesetzt und will da nicht wieder raus.«

Tante Lucie nimmt Mutters Hand. »Soll ich mich mal erkundigen? Soll ich zu einem Anwalt gehen?«

Die Mutter blickt der Tante nachdenklich ins Gesicht. »Kann ja nichts schaden. Wäre ja nur eine Auskunft. Du mußt ja keine Namen nennen.« Und dann bricht es aus ihr heraus: »Es ist vor allem wegen der Kinder! Das geht doch nicht so weiter. Sie behalten da ja was weg... fürs ganze Leben...« Sie legt den Kopf auf den Tisch und weint. »Ich schäme mich ja so.«

Tante Lucie gibt den Jungen einen Wink. Die beiden verstehen. Sie müssen sowieso gehen. Burkie nimmt seinen Beutel mit dem Fußballzeug und schiebt Frank leise vor sich her. Doch sie haben die Tür noch nicht ganz erreicht, da hat die Mutter sich schon wieder gefaßt. »Bitte, Burkhard, sieh dich vor.«

Burkie holt tief Luft, nickt und schließt die Tür. Draußen aber stöhnt er laut auf: »Mensch! Was muß passieren, damit sie einmal vergißt, mir das zu sagen.«

»Es ist doch wegen Onkel Karl«, vermittelt Frank. Onkel Karl war Mutters Bruder und genauso ein begeisterter Sportler wie Burkie. Bis er bei einem Langstreckenschwimmen ertrunken ist. Seitdem ist die Mutter so ängstlich.

»Weiß ich doch!« Der Bruder seufzt. »Aber soll ich deswegen etwa nicht Fußball spielen?«

Frank antwortet nichts. Burkie hat recht, er kann der Mutter zuliebe nicht auf das verzichten, was ihm am meisten Spaß macht. Und schon gar nicht heute, da es ein Heimspiel gibt und er, Frank, mitdarf, wie zu allen Heimspielen. Manchmal ist das eben so, da haben zwei eine gegensätzliche Meinung und doch beide recht – jeder aus seiner Sicht.

Als die Jungen vom Sportplatz zurückkommen, ist Tante Lucie bereits wieder fort. Onkel Heinz hat sie abgeholt. Doch sie fragen nur kurz nach ihr, sind zu gut gelaunt. Der SC Nordring hat 3:0 gewonnen, die Meisterschaft ist gesichert. Aber das allein ist es nicht: Herr Kroll, Burkies Trainer, hat gesagt, beim nächsten Spiel, dem letzten der Saison, wird der Jugendtrainer von Hertha BSC zuschauen. Herr Kroll hat ihm von Burkhard erzählt, der Hertha-Trainer will sehen, ob er ihn für seine Mannschaft gebrauchen kann.

Die Mutter hört die begeisterten Berichte der beiden Jungen, sieht, wie stolz Burkie ist, und verkneift sich jede einschränkende Bemerkung. Sie schüttelt nur seufzend den Kopf: »Als ob davon alles Glück der Welt abhängt.«

Harte Erbsen

Es ist eine Woche der Vorbereitungen, diese Woche vor dem letzten Spiel der Saison, für Burkhard aber zählt nur eine: die auf das Spiel. Ist beim SC Nordring kein Training angesetzt, geht er mit Hotte auf den Nordmarkplatz üben. Alles andere rückt in weite Ferne.

Fast alles andere, denn eines vergißt Burkie nicht: Tante Lucies Anruf. Ein wichtiger Anruf, einer, der bewirkt, daß auch die Mutter Vorbereitungen treffen muß – für ein Gespräch mit dem Rechtsanwalt. Freitagnachmittag, wenn Burkhard um seine Hertha-Chance kämpft, wird die Mutter dem Rechtsanwalt gegenübersitzen. Also notiert sie sich, was sie vortragen will. Aber sie ist nicht sehr optimistisch. »Das ist alles nicht stichhaltig«, sagt sie, wenn sie ihre Notizen überprüft.

Und auch Frank muß sich vorbereiten: Lesen üben! Fräulein Belinsky will ihn noch einmal prüfen, bevor sie die endgültige Zensur für das Zeugnis festsetzt. Er möchte aus der Vier eine Drei machen.

Zu all diesen ernsten Vorbereitungen kommt dann noch eine sehr schöne, von Vorfreude bestimmte – die auf die Schulabschlußfeier. Dazu schneidert Herr Modersohn Burkie einen Anzug. Der Stoff ist taubenblau, strapazierfähig und knitterfrei. Herr Modersohn lobt ihn in den höchsten Tönen, sagt, Burkies Anzug wird der schönste, den er je fertiggebracht hat.

Bei der Anprobe konnte Frank Herrn Modersohn beobachten. Der kleine Mann rutschte vor Burkie auf den Knien herum, steckte hier was ab, rückte dort was zurecht und redete und redete, obwohl er den Mund voller Stecknadeln hatte. Es war ein Wunder, daß er keine verschluckte.

Und dann ist da noch eine Vorbereitung, eine, die in der *Gemütlichen Ecke* nur Frank interessiert: Hammersteins ziehen um! Sie wollen fort aus der Stadt, raus aufs Land. Es geht zwar nicht zurück nach Pommern, sondern nur in ein Dorf, nicht weit von Berlin, aber Herr Hammerstein wird dort in einem Kuhstall arbeiten, und seine Frau hofft, daß ihr Mann, wenn er erst wieder in einer etwas gewohnteren Umgebung ist, ein bißchen wie früher wird und nicht mehr soviel trinkt. Und da das mit dem Garten in den Trümmern ja doch nichts wird, weil sie keinen funktionierenden Wasserhahn gefunden haben, freut sich auch Peter auf den Umzug und verzichtet großzügig auf die drei Zigaretten, die Frank ja eigentlich noch besorgen müßte. Frank aber ist traurig. Wo soll er einen neuen Freund hernehmen? Matze ist ohne Peter nur halb so interessant, und Jockel ist ein Angeber. Deshalb beobachtet er Hammersteins Vorbereitungen mit großer Sorge und kann sich nicht mit Peter mitfreuen.

Einer allerdings bereitet sich auf nichts vor, obwohl er längst ahnt, was die Mutter vorhat: Onkel Willi. Er tut, als sei er sich seiner Sache sehr sicher, steht oft mit Herrn Bessel oder Paule Krause an der Theke und tuschelt mit ihnen. Wenn dann die Mutter kommt, grinsen sie spöttisch.

Endlich ist der Freitag heran, und in der Schule gibt es nur noch ein Thema: das Spiel! Burkies Klassenkameraden sehen ihn schon in der Berliner Auswahl, und Frank muß ständig

Auskunft geben: Ist der Bruder in Form? Hat er genügend trainiert?

Frank beantwortet gern all diese Fragen, tut sich ein bißchen wichtig damit, Burkies Keule* zu sein. Doch es ist nicht seine Schuld; schon solange er denken kann, fragen ihn die Jungen nach Burkie. Und seit er zur Schule geht, ist die Tatsache, daß er Burkies Bruder ist, fast so etwas wie ein Wundermittel. Bei einigen Lehrern hilft es sogar gegen schlechte Zensuren.

Burkie selber tut so, als sei das Nachmittagsspiel ein ganz gewöhnliches Punktspiel. In Wirklichkeit aber ist er sehr gespannt und unruhig.

In der großen Pause gibt es Schulspeisung. Erbseneintopf. Aber die Erbsen sind hart, Frank kann sie nicht essen und schüttet sie lieber ins Klo. Das ist zwar verboten, weil davon ständig die Becken verstopft sind, aber aufessen kann er die Kieselsteine nicht, und mit nach Hause nehmen geht auch nicht.

Zu Hause haut er dann rein. Ihm ist, als wüte ein hungriger Tiger in seinen Eingeweiden. Burkie kann darüber nur staunen: »Erst die Erbsen in der Schule – und jetzt schon wieder Bohnen! Du bist doch wirklich das Verfressenste, was es gibt.«

»Haste die etwa gegessen?« fragt Frank.

»Was?«

»Na, die Erbsen.«

»Klar.« Der Bruder guckt Frank an, als verstehe er die Frage nicht.

»Aber die waren doch ganz hart.«

* Berliner Bezeichnung für Bruder, Kumpel

Burkie nickt und reibt sich den Bauch. »Ich spüre sie jetzt noch.« Doch dann lacht er: »Wenn sie unten wieder rauskommen, sind sie weich.«

Frank lacht nicht, schielt nur zu Burkies Teller hin, den der Bruder noch gar nicht angerührt hat. »Ißte gar nichts?«

»Nee!«

»Darf ich?«

»Wenn du nicht dran erstickst.« Burkie ist froh, daß Frank ihm seinen Teller abnimmt, so muß er der Mutter nicht erst lange erklären, weshalb er keinen Appetit hat.

Die Mutter macht sich für den Rechtsanwalt fertig. Bevor sie geht, steckt sie noch mal den Kopf zur Tür herein. »Burkie! Geh doch mal für zehn Minuten in den Laden.« Und leise fügt sie hinzu: »Onkel Willi will mit mir reden.«

»Laß dich bloß nicht bequatschen.« Burkie sähe es lieber, wenn die beiden nicht mehr miteinander sprächen. Beim Hinausgehen kneift er ein Auge zu. Frank versteht. Als die Mutter und der Bruder fort sind, wartet er einen Moment, dann schleicht er sich in den Flur. Aus dem Hinterzimmer kommen Stimmen. Er preßt sein Ohr ans Schlüsselloch.

»Überleg dir's noch mal, Lisa!« bittet Onkel Willi. »Ich weiß ja, ich hab meine Fehler, aber... ich bin sechzig... und allein.«

Die Mutter antwortet nicht gleich. Es fällt ihr offensichtlich schwer. »Willi! So geht's doch nicht weiter. Das macht doch keinen Spaß.«

Und wieder Onkel Willi: »Manche werden vom Leben weich und manche hart geklopft, mich hat es eben hart gemacht.« Es ist ein Zittern in seiner Stimme. »Ich kann doch nichts dafür, daß ich bin... wie ich bin.«

Frank möchte rufen: »Trau ihm nicht!« Doch das wagt er nicht. Er weiß ja auch nicht, ob Onkel Willi der Mutter wirklich nur etwas vormacht.

»Ach, Willi! Wenn du wenigstens guten Willen zeigen würdest... vor allem, was die Jungen betrifft...«

».... geh nicht zu diesem Rechtsanwalt. Laß es uns noch einmal versuchen.« Onkel Willis Stimme klingt undeutlich, zuletzt ist es nur noch ein einziges Gemurmel.

Frank reißt die Tür auf. Onkel Willi will Mutters Kopf zu sich heranziehen, sie wehrt sich... Und nun Onkel Willis Augen, die Wut über die Störung!

Die Mutter sieht diese Augen auch. »Es hat keinen Zweck«, sagt sie, »du kannst wirklich nicht aus deiner Haut.« Damit wendet sie sich ab und geht mit Frank aus dem Raum.

Da schreit Onkel Willi. Er schreit so, daß sich seine Stimme ganz hell und hoch anhört: »Ich lasse mich nicht unterdrücken, nicht von einer Frau und nicht von zwei dummen Jungen. Mich werdet ihr nicht los.«

»Ich weiß«, sagt da die Mutter so leise, daß Onkel Willi es nicht hören kann. »Aber versuchen möchte ich es doch.«

Das große Spiel

Es ist noch immer so heiß, eigentlich viel zu heiß zum Fußballspielen. Burkhard und Frank schlendern die Straße entlang, bleiben mal hier, mal dort stehen und gucken in die Schaufensterscheiben. Sie warten auf Hotte, der noch über seinen Schularbeiten sitzt und sie einholen will.

Frank muß immer noch an das denken, was Burkie vorhin zu ihm gesagt hat: »Du hast die Situation gerettet. Hättest du die beiden nicht gestört, wäre Mutter vielleicht doch noch auf diesen Buffke reingefallen. Du hast ein helles Köpfchen.«

Wenn das kein Lob ist! Noch dazu aus Burkies Mund, der mit Lob knausert wie Tante Lucie mit dem Würfelzucker...

Die Fleischerei Ehrlich hat geschlossen. Mittagspause. Nur Monis Omi, eine sehr hagere alte Frau mit strengen Gesichtszügen, guckt aus dem Fenster. Frank bleibt vorsichtshalber ein paar Schritte hinter Burkie zurück – Monis Omi sieht nicht nur streng aus, sie ist es auch. Nicht allein Gerd und Gerhard, die Zwillinge, fürchten ihre Oma, es heißt sogar, der Fleischermeister Ehrlich hätte Angst vor ihr. Wenn es ihr einfällt, haut sie ihm einfach eine runter, obwohl er schon fast fünfzig Jahre alt ist.

»Ist Moni da?« fragt Burkie.

»Waas? Waas willst du?« Die alte Frau guckt, als hätte sie nicht verstanden. Dabei weiß die ganze Straße, daß sie sehr gut versteht – vor allem dann, wenn sie nichts verstehen soll.

»Ob Moni da ist.«

»Fort!« schimpft die Frau. »Fort! Fort mit dir!« Doch dann

fällt ihr Blick auf Frank – und sie strahlt: »Aach! Da ist er ja, der kleine Biermann!«

»Leberwurst«, murmelt Frank leise und tippt sich vorsichtig an die Stirn. Monis Omi nennt ihn immer den kleinen Biermann; und das nur, weil seine Mutter eine Kneipe hat.

Moni hat mitbekommen, daß Burkie da ist. Sie schließt die Tür auf und drückt jedem der beiden Jungen eine kalte Bockwurst in die Hand. »Zur Stärkung«, sagt sie.

Burkies schmales Gesicht wird ganz breit, so grinst er. »Wird schon klappen.«

»Ich würde ja gerne mitkommen, aber es geht nicht.« Moni zuckt bedauernd die Achseln. Und ihre Oma, die mißtrauisch gelauscht hat, keift gleich los: »Ja, ja! Das könnte den Herrschaften so passen! Nix ist! Hiergeblieben wird!«

Moni macht ein Gesicht, als würde sie ihre Oma am liebsten sonstwohin wünschen, dann verschwindet sie wieder in der Tür.

»Kannste immer noch nicht danke sagen?« Burkie ist mal wieder äußerst unzufrieden mit Frank.

»Danke«, entfährt es Frank.

»Jetzt nützt's auch nichts mehr.« Burkie muß lachen. »Was bist du bloß für 'ne Flitzpiepe.«

Erst helles Köpfchen, jetzt Flitzpiepe! Schweigend beißt Frank in die Wurst.

Burkie dribbelt. Er stößt ein Stück roten Dachziegel vor sich her. »Los, nimm es mir ab! Zeig, ob du tricksen kannst.«

Frank hat keine Lust zu tricksen. Er geht absichtlich achtlos an dem Fenster mit Monis Omi vorüber, die ihn schon wieder so verliebt anstrahlt, und weist auf Monis Wurst, die Burkie fast wie etwas Störendes in der Hand hält. »Ißte die nicht?«

»Mensch, kannst du fressen!«

Burkie gibt Frank seine Wurst und dribbelt weiter. Frank zeigt Monis Omi aus sicherer Entfernung noch mal einen Vogel und verdrückt auch die zweite Bockwurst. Und als Hotte auftaucht, ganz verschwitzt von dem Tempo, das er angeschlagen hat, um die beiden einzuholen, und Bonbons aus Vaters Geschäft anbietet, langt er erneut zu. »Wer weiß, wann die Zeiten wieder schlechter werden«, sagt Tante Lucie immer, und: »Essen kann man nur, wenn man was zu essen hat.«

Auf dem Sportplatz an der Cantianstraße haben sich schon fast alle Jungen aus Burkies und Hottes Klasse versammelt. Sie klopfen Burkie auf die Schulter und sagen, daß sie den Hertha-Trainer schon gesehen haben, klein und dick soll er sein. Aber auch die gegnerische Mannschaft hat viele Freunde mitgebracht, die laut pfeifen, als sie Burkie sehen.

Frank reckt das Kinn vor. Die Pfiffe sind keine Schande, sondern ein Beweis dafür, daß Burkies Können auch in Pankow bekannt ist. Und weil auch »Burkies Keule« in Pankow nicht ganz unbekannt ist, rufen einige der Jungen ihm nun zu: »Sag Burkie, daß Nordring heute 'n Klatsch bekommt. Aber einen, der sich gewaschen hat.«

Frank verzieht keine Miene. Er wird Burkie überhaupt nichts sagen.

Als die Spieler aus der Umkleidekabine kommen, taucht auch Herr Kroll unter den Jungen auf. Er bleibt vor Frank stehen und gibt ihm die Hand. »Na, wie geht's aus?«

»3:1 für Nordring.«

»Dein Wort in Gottes Ohr!« Herr Kroll lacht und klopft

Frank auf die Schulter, dann wendet er sich dem Spielfeld zu: Die Mannschaften laufen auf.

Zuerst kommen die Jungen vom BC Pankow. Sie tragen schwarze Hosen und weiße Hemden und werden lautstark begrüßt. Die Jungen vom SC Nordring laufen in den üblichen schwarz-rot gestreiften Trikots auf den Platz, Burkie als Kapitän vorneweg. Frank kennt sie alle, die sich da in einer Reihe aufstellen und vor dem Publikum verneigen: Mieke, der Torwart, Hotte, Achim, Benno, Schwarzfuß, Jünne, der dicke Fritze, Karlchen, Uwe und Knacker. Die beiden Ersatzspieler sind Bernie und Hänschen, der nicht so gut spielt, aber immer dabei ist.

»Wie heißt der Meister? Nordring heißt er!« rufen die Jungen aus Burkies und Hottes Klasse. Und sie pfeifen und johlen, als wären sie mindestens dreimal soviel.

Die beiden Mannschaftskapitäne geben sich die Hand, der Schiedsrichter wirft eine Münze in die Luft. Die Pankower gewinnen die Seitenwahl und entscheiden sich, zuerst gegen die Sonne zu spielen. In der zweiten Halbzeit, wenn die Seiten gewechselt werden, steht die Sonne niedriger und stört mehr.

Dann nehmen die Jungen ihre Positionen ein. Burkie, als Rechtsaußen, steht ganz rechts an der Mittellinie. Der Schiedsrichter legt die Pfeife an den Mund, das Spiel beginnt. Und es beginnt ganz nach den Wünschen der Nordring-Anhänger. Schon nach wenigen Sekunden bekommt Hotte von Achim, dem Mittelstürmer, den Ball zugespielt. Hotte dribbelt sich auf der linken Seite durch und flankt nach rechts hinüber, wo Burkie sich freigelaufen hat. Aber bevor Burkhard an den Ball kommt, drückt ihn einer der Pankower beiseite. Der Bruder fällt und schrammt sich auf dem schwarzen Schlackeplatz das rechte Bein auf.

Der Schiedsrichter entscheidet auf Freistoß. Burkie tritt den Ball. Nicht zu stark und nicht zu schwach hebt er ihn über die Köpfe der Pankower hinweg – maßgerecht landet er auf Hottes Kopf. Der köpft ihn ein. 1:0 für Nordring.

»Donnerwetter!« staunt der Hertha-Trainer, der neben Herrn Kroll steht und wirklich ziemlich klein und dick ist. »Wie der dem den Ball auf den Kopf gesetzt hat! Alle Achtung! Der Junge hat Gefühl im Bein.«

»Sag ich ja! Sag ich ja!«

Herr Kroll ist stolz. Burkhard Scholz ist seine Entdeckung. Seit drei Jahren trainiert er ihn. Frank, der keinen Zentimeter von den beiden Trainern weicht, hört alles mit an. Und es geht ihm runter wir Honig.

Die Schwarzweißen werden stärker. Es gibt kräftige Jungen in ihren Reihen, die nicht viel Rücksicht nehmen. Als Burkie wieder einmal durch ist, säbeln sie ihn einfach um.

Die Nordring-Anhänger pfeifen, und auch Frank ist wütend. »Holzhacker!« schreit er.

Doch in einem Moment, als wieder einmal alle Pankower Miekes Tor bestürmen, gelingt Jünne ein Befreiungsschlag. Sofort läuft alles auf das Pankower Tor zu. Knacker erwischt den Ball als erster. Er sieht, daß Burkie mitgelaufen ist, und gibt ab.

Jetzt führt Burkie den Ball. Geschickt umspielt er ein, zwei Gegner und steht auf einmal allein vor dem aufgeregten Torwart der Pankower. Frank hält die Luft an. Umspielt er den auch noch? Nein, er schießt – daneben. Der Ball fliegt weit am Tor vorbei.

Er hätte den Torwart umspielen müssen. Das weiß sogar Frank. Und Burkie weiß es auch, wütend läuft er in die eigene Hälfte zurück.

Das Spiel verteilt sich nun in beide Hälften, mal greifen die Schwarzroten an, mal die Schwarzweißen, doch ein Tor gelingt keiner der beiden Mannschaften, obwohl sie unter den Anfeuerungsrufen ihrer Anhänger nun immer verbissener kämpfen.

»Burkie!« Hotte spielt Burkie immer wieder an, auch diesmal. Und Burkie läuft los, umspielt einen Pankower und noch einen und gibt dann den Ball zurück zu Hotte. Hotte setzt sich gegen zwei Spieler durch und steht frei vor dem Tor. Doch er schießt nicht, sondern dreht sich mit dem Ball und schiebt ihn Burkie vor die Füße.

Burkie tritt zu. Ein Bombenschuß, der Ball landet im rechten oberen Toreck. Der Torwart hatte keine Chance.

»Tooor! Tooooor!« jubelt Frank. Und auch der Hertha-Trainer ist begeistert. »Ein tolles Gespann, die beiden!« sagt er, zieht zufrieden an seiner Zigarre und guckt Herrn Kroll nachdenklich an.

Herr Kroll grinst nur. »Sagen Sie doch gleich, daß Sie beide wollen!«

Der Halbzeitpfiff. Burkie läßt sich fallen, wo er gerade steht, und schimpft: »Diese Scheiß-Erbsen! Wie ein Zentner Kohlen liegen sie mir im Bauch.«

Die beiden Trainer kommen und loben Hotte und Burkie. Und der Hertha-Trainer sagt: »Ihr könnt beide nächste Woche zum Training kommen. Ich übernehme euch. Kroll ist einverstanden.«

Über Burkies bleiches Gesicht huscht ein Lächeln. Nur Hotte weiß nicht, ob er sich freuen soll. Er, der gar nicht damit gerechnet hatte, ein Hertha-Spieler? »Mann, da kommen wir ja aus dem Training gar nicht mehr raus!« schimpft er. Aber dann lacht er und sagt: »Na gut! Wenn wir Deutscher Meister sind, trete ich eben wieder aus.«

Auch die beiden Trainer müssen lachen, aber dann hat der Schiedsrichter schon wieder die Pfeife im Mund, und Burkie steht auf.

»Wenn dir nicht gut ist, wechsle ich dich aus«, schlägt Herr Kroll vor. »Wir führen ja 2:0.«

»Es ist nur der Schulfraß, es geht schon wieder.« Burkie hat sich noch nie auswechseln lassen, jetzt, unter den Augen des Hertha-Trainers, will er erst recht nicht damit anfangen. Die Pankower aber haben gleich zwei Spieler ausgewechselt; zwei neue Stürmer sollen den Ausgleich erzielen. Und deshalb greifen sie nun an. Unermüdlich! Sie wollen das Spiel einfach nicht verloren geben.

»Was diese Burschen für Feuer unterm Hintern haben!« Der Hertha-Trainer ist rundum glücklich. »Da kann sich manche Männermannschaft 'ne Scheibe von abschneiden.«

Da passiert es: Ein Schuß aus zwanzig Metern, mitten durch die verteidigenden Nordring-Spieler hindurch, Mieke kann nichts sehen – es steht 2:1.

Entgeistert starren Burkie und seine Mitspieler Mieke an. Der senkt den Kopf. Die Schwarzweißen aber jubeln, und der Hertha-Trainer freut sich: »Jetzt wird's noch mal spannend.« Frank spuckt aus. Seinetwegen hätte es nicht noch einmal spannend werden müssen.

Der Hertha-Trainer hatte recht, der Anschlußtreffer verleiht den Pankowern Auftrieb. Sie stürmen nun auf Teufel komm raus. Burkie und der dicke Fritze ordnen die Verteidigung – doch vergeblich. Nervös, fast panikartig laufen die Nordring-Verteidiger durcheinander. Ein schwarzweißer Stürmer nutzt das aus und wird von Karlchen gefoult. Elfmeter! Karlchen senkt den Kopf.

Ein schöner Schuß, Mieke hechtet in die falsche Ecke – 2:2.

Frank sieht es dem Bruder an: Burkie würde nun doch am liebsten aus dem Spiel gehen. So fix und fertig war er noch nie. Aber dann wird er wütend und gibt Achim ein Zeichen. Achim versteht und läßt im Vorbeilaufen den Ball vor Burkie liegen. Doch Burkie läuft nicht gleich los. Langsam und überlegt umspielt er einen Gegner und blickt sich um: Wo bleibt Hotte? Hotte kommt. Burkie schiebt ihm den Ball zu, spurtet sich frei und bekommt den Ball von Hotte zurück. Kurz vor dem Strafraum stoppt er und täuscht einen Gewaltschuß an. Die drei schwarzweißen Verteidiger drehen ihm in Erwartung des Schusses den Rücken zu. Aber Burkie schießt nicht, sondern gibt den Ball zurück zu Hotte und drängelt sich in die Lücke, die die drei nicht schnell genug schließen können. Hotte hebt den Ball sachte an, Burkie bekommt ihn auf die Fußspitze, ein Fallrückzieher und – »Toor! Toor!«

Zweiundzwanzig Arme fliegen in die Luft, und die Nordring-Anhänger tanzen vor Freude.

»Ein wunderschönes Tor!« freut sich der Hertha-Trainer und hebt die Hände hoch, um laut Beifall zu klatschen. Und Herr Kroll nickt Frank zu und strahlt glücklich.

Die Pankower geben auch jetzt noch nicht auf. Sie wollen wenigstens ein Unentschieden erreichen und schießen aus allen Lagen. Mieke wirft sich in ihre Schüsse und wird immer besser, verhindert ein Tor nach dem anderen. Da setzt der Mittelstürmer der Pankower zu einem Verzweiflungsschuß an. Burkie sieht den Ball kommen, will ihn mit der Brust stoppen – und bekommt ihn direkt vor den Bauch. Frank sieht, wie der Bruder umfällt und wieder aufstehen will, dann aber plötzlich zusammenzuckt und liegenbleibt. »Burkie!« schreit er – und läuft auch schon aufs Spielfeld und drängelt sich durch die ratlos um Burkie herumstehenden Jungen.

Burkie liegt auf der Erde, preßt die Hände auf den Bauch und dreht sich wimmernd hin und her.

»Burkie!« flüstert Frank. »Was ist denn? Sag doch was.«

»... weh... Das tut so verflucht weh...«

Die Trainer kommen. Herr Kroll kniet sich neben Burkie hin, hält seinen Kopf hoch und blickt ihm prüfend in die Augen. »Wo tut's weh?«

Burkie zeigt auf seinen Bauch.

»Kannst du aufstehen?«

»Jetzt... nicht.«

Die drei Trainer und der Schiedsrichter gucken sich besorgt an, dann heben sie Burkie auf und tragen ihn vorsichtig an den Spielfeldrand.

»Du mußt es uns sagen, wenn es was Ernstes ist«, bittet der Trainer der Pankower.

»Es ist bestimmt nichts Ernstes.« Burkie kann schon wieder lächeln.

Das Spiel geht noch zwei Minuten. Für Burkie spielt nun Bernie. Aber der Druck der Pankower ist verflogen. Es bleibt beim 3:2 für Nordring.

Drei Finger in der Luft

Der Nachhauseweg zieht sich hin. Burkie geht es immer schlechter. Ab und zu muß er stehenbleiben und sich an eine Häuserwand lehnen. Das bringt für kurze Zeit Erleichterung. Doch er wird immer weißer, preßt schließlich die Hände auf den Leib und schleppt sich mühsam vorwärts, bis die *Gemütliche Ecke* nicht mehr weit ist. Erst dann läßt er sich am Straßenrand nieder.

Hotte steht unschlüssig neben den beiden Brüdern. Burkie sieht zu ihm hoch. »Kein Wort, Hotte! Verstehste! Kein Wort! Auch nicht zu deinen Eltern. Sonst wird nur darüber gequatscht.«

»Und wenn's doch was Ernstes ist?«

»Es ist nichts Ernstes. Aber wenn meine Mutter davon erfährt, macht sie gleich wieder ein Riesentheater. Du weißt ja: Sport ist Mord!«

Hotte verspricht, nachher mal reinzuschauen, und geht langsam davon.

Frank setzt sich neben Burkie auf den Rinnstein und guckt den Bruder still an. Burkie beugt sich vor und spuckt auf die Straße. Doch seine Spucke ist ganz anders als sonst, fast gelblich.

»Wollen wir's nicht doch lieber sagen?«

»Kein Wort sagst du!« droht Burkie. »Wenn Mutter erfährt, daß mir im Verein was passiert ist, darf ich nie wieder Fußball spielen.«

»Aber wir müssen doch einen Arzt holen.«

»Dem erzähle ich was anderes. Es ist ja nicht so schlimm. Es geht mir schon viel besser.« Und um seine Worte zu beweisen, steht Burkie auf und geht weiter.

Frank folgt ihm mißtrauisch. Und richtig, auf der anderen Straßenseite krümmt Burkie sich schon wieder. »Wenn es nur nicht so heiß wäre«, sagt er. Dicke Schweißperlen tropfen ihm von der Stirn.

Frank wird es unheimlich. Es ist zwar heiß, aber doch nicht so heiß! »Burkie, ich hab Angst...«

»Kein Wort! Verstehste?«

»Aber...«

»Kein Wort! Oder ich nehme dich nie wieder mit.«

»Aber...«

»Versprich es mir. Gib mir dein Ehrenwort. – Los! Dein Ehrenwort.«

»G... großes chinesisches Paprikaschoten-Ehrenwort. Aber...«

Burkie ist immer noch nicht zufrieden. »Streck drei Finger in die Luft und sage: Ich schwöre.«

Gehorsam streckt Frank Daumen, Zeige- und Mittelfinger in die Luft: »Ich schwöre.« Doch es ist ihm nicht wohl dabei, und er findet es nicht richtig, was Burkie da von ihm verlangt. Aber er hat immer getan, was der Bruder wollte, und so tut er es auch heute.

Burkie ist endlich zufrieden mit ihm. »Du brauchst doch keine Angst zu haben«, sagt er. »Ist dir etwa noch nie schlecht gewesen?«

Der Mutter sagt Burkie, er wisse nicht, was mit ihm ist. Bis vor einer halben Stunde habe er sich noch pudelwohl gefühlt, dann sei ihm plötzlich schlecht geworden. Die Mutter überlegt nicht lange, steckt ihn ins Bett und ruft Dr. Möller an. Der große, freundliche Mann, der die ganz Familie behandelt, kommt auch sofort und tastet Burkies Bauch ab. Als er damit fertig ist, sagt er: »Machen Sie sich keine Sorgen, eine harmlose Verstopfung, weiter nichts. Er hat was schwer Verdauliches gegessen.«

»Das stimmt!« Frank ist, als plumpse eine Zentnerlast von seinem Herzen. »In der Schule gab's Erbsen, hart wie Steine. Ich hab sie ins Klo gekippt, aber Burkie hat sie gegessen.«

»Na bitte! Da haben wir den Salat, den Erbsensalat.« Der Doktor verschreibt Rizinusöl und schmunzelt: »Jetzt haben die Murmeln in deinem Bauch keine Chance mehr. Jetzt müssen sie raus, ob sie wollen oder nicht.«

Alle lachen, auch Burkie. Und als die Mutter gegangen ist, um den Doktor zur Tür zu bringen, sagt Burkie schnell zu Frank: »Na, du Knallfrosch! Was hab ich dir gesagt? Die Kacke sitzt fest, weiter nichts. Also, halt die Klappe und denk an deinen Schwur.«

Ehe Frank antworten kann, ist die Mutter schon zurück. Aber er braucht ja nun nichts mehr zusagen, es wird alles wieder gut.

»Und wie war's beim Rechtsanwalt?« will Burkie endlich wissen.

Die Mutter setzt sich zu ihm aufs Bett. »Die Scheidung einzureichen hat keinen Sinn. Was ich vorgebracht habe, reicht einfach nicht aus.«

Es ist still im Zimmer. Burkie legt den Kopf zurück, und auch Frank ist auf einmal wieder traurig: Dann wird Onkel Willi also für ewig bei ihnen bleiben?

»Laßt ihn links liegen, dann stört er euch nicht«, bittet die

Mutter. »Und überhaupt, das ist jetzt gar nicht wichtig. Viel wichtiger ist, daß du bald wieder gesund bist.«

Burkhard erwidert nichts, schließt nur die Augen. Und so bleibt er liegen, den ganzen Nachmittag und den ganzen Abend lang. Mitten in der Nacht aber steht er auf einmal auf und stößt im Dunkeln an einen Stuhl.

Frank schreckt auf: »Burkie?«

Burkhard dreht das Licht an. »Ja, ich bin's. Schlaf weiter, Mutter soll mir nur 'ne Tablette geben.«

»Tut's weh?«

»Ein bißchen.«

»Soll ich dir die Tablette holen?«

Burkie überlegt, dann sagt er: »Gut. Aber beeil dich.«

Und ob Frank sich beeilen wird! So schnell ist er noch nie in seine Hosen gestiegen. Und das Hemd knöpft er gar nicht erst zu, so eilig flitzt er mit den Schlüsseln in der Hand die Treppe hinab. Der Flur und die Küche sind schon dunkel, aber in der Gaststube brennt noch Licht. Frank wird langsamer und schleicht sich bis an die Gaststube vor.

Es sind keine Gäste mehr da. Onkel Willi schließt gerade ab, die Mutter macht Kasse, zählt laut die Geldscheine.

»Was hat der Rechtsanwalt gesagt?« fragt da auf einmal Onkel Willi.

Also haben sie den ganzen Tag lang noch nicht darüber gesprochen? Frank preßt sich mit dem Rücken an die Wand. Er braucht die beiden ja nicht zu sehen; es genügt, wenn er sie hört. Die Mutter antwortet nicht. Sie zählt und will nicht unterbrochen werden.

»Was er gesagt hat, will ich wissen!« Onkel Willi steht jetzt direkt vor der Mutter, trotzdem ist er lauter geworden.

Die Mutter unterbricht die Zählerei nun doch. »Er hat gesagt, ich soll's mir überlegen.«

»Und was tust du nun?«

»Ich überleg's mir.«

Die Antwort befriedigt Onkel Willi nicht. »Ja, hast du denn überhaupt eine Chance?«

»O ja«, sagt die Mutter gleichgültig, so gleichgültig, daß Frank beinahe lächeln muß. »Ich habe genügend vorzubringen.«

»Und was, bitte schön?«

»Das werde ich ausgerechnet dir auf die Nase binden.« Die Mutter schließt die kleine Stahlkassette und trägt sie an Onkel Willi vorbei zum Hinterzimmer. In der Tür bleibt sie noch einmal stehen. »Ich bin nicht unbedingt für eine Scheidung. Wenn du die Kinder in Ruhe läßt, kann von mir aus alles so bleiben. Vergreifst du dich aber noch ein einziges Mal an ihnen, ist es aus zwischen uns.«

Onkel Willi antwortet nichts. Frank hört es nur gluckern – also schenkt er sich gerade einen Schnaps ein. Eine günstige Gelegenheit. Er huscht vom Flur aus ins Hinterzimmer – und prallt mit der Mutter zusammen, die inzwischen die Kassette unter ihr Bett geschoben hat und gerade in den ersten Stock hoch will, um nach Burkie zu sehen.

»Ich ... ich ...«, stottert Frank. »Burkie kann nicht schlafen. Ich soll ihm 'ne Tablette holen.«

Die Mutter mustert Frank ernst. »Hast du alles gehört?«

Frank kann jetzt nicht lügen, er nickt still.

Die Mutter denkt nach, dann sagt sie leise: »Ich habe ihn angelogen, weil ich mir nicht anders zu helfen weiß. Vielleicht hilft das ein bißchen.«

Ein blauer Hintern

Dieser Sonnabend ist einer von den Tagen, die überhaupt kein Ende nehmen wollen. Als Frank von der Schule nach Hause kommt, liegt Burkie im Bett, hält die Augen geschlossen und antwortet nur unlustig auf Franks Fragen. Einmal wird er sogar barsch: »Geh doch runter, Mensch! Ich brauch keinen Händchenhalter.«

Frank geht runter und trifft vor der Haustür Gisela, Hottes Schwester. Sie sitzt auf den Steinstufen und beobachtet Hammersteins Auszug. Peter, seine Eltern und ein fremder Mann beladen einen Lastwagen. Frank setzt sich zu Gisela und staunt über Herrn Hammerstein. So nüchtern und gutgelaunt hat er Peters Vater noch nie gesehen.

Der Lastwagen wird nicht voll, mehr Möbelstücke aber haben Hammersteins nicht. Sie holen nur noch ein paar Koffer und Kartons aus der Wohnung, dann nimmt Frau Hammerstein auf einem Stuhl auf der Ladefläche Platz, und Herr Hammerstein setzt sich auf den Beifahrersitz. Peter kommt schnell noch einmal zur Haustür und drückt Frank sein kleines, schon halb kaputtes Taschenmesser in die Hand. »Tschüs«, sagt er. Und dann: »Die Höhle gehört dir jetzt auch.«

Frank nickt nur. Er hat einen Kloß im Hals, kann jetzt nichts sagen.

Peters Vater wird ungeduldig. Er steht auf dem Trittbrett und schreit Peter zu, mal endlich »hopp« zu machen. Peter klettert über die Klappe zur Ladefläche und von dort aus ganz nach oben auf die Ladung hinauf. Zwischen all den Möbeln, Kisten, Kartons und Säcken grinst er dann herunter, während er Frank und Gisela noch mal zuwinkt und die Fuhre mit ihm in die Prenzlauer Allee einbiegt.

Still betrachtet Frank das Taschenmesser. Daß Peter sich davon getrennt hat! Es war sein größter Stolz…

»Wollen wir was spielen?« fragt Gisela.

»Was denn? Puppenstube etwa?«

Früher, als sie noch nicht zur Schule gingen, hatte Frank öfter mit Gisela und ihrer Puppenstube gespielt. Er bekam immer die blau angezogene Puppe, den »Vater«, Gisela die rosa angezogene, die »Mutter«. Stundenlang konnten sie so spielen. Und hatten sie keine Lust mehr, lagen sie zusammen unter Wilkes großem Wohnzimmertisch und belauschten die Erwachsenen. Aber das war damals; das änderte sich, als er in die Schule kam und Gisela vom Schularzt noch zurückgestellt wurde. Jetzt geht sie zwar auch in die Schule, aber erst in die erste Klasse, während er nun schon in der zweiten ist.

»Wir können ja Murmeln spielen«, schlägt Gisela vor und zeigt auf den Beutel voller roter, blauer, grüner und gelber Murmeln zu ihren Füßen. »Ich leih dir welche.«

»Keine Lust.« Frank steht auf, geht wieder in den ersten Stock hoch und an Burkie vorbei auf den Balkon. Von dort aus sieht er Gisela noch immer vor der Haustür sitzen und bewirft sie mit Erde aus den Balkonkästen. Wenn sie hochguckt, zieht er den Kopf ein. Er wiederholt das Spiel ein paarmal, bis Gisela ruft: »Ich weiß genau, daß du das bist – Frank guck in die Luft!«

Woher weiß Gisela denn seinen Spitznamen? Hat sie den irgendwann einmal gehört? Frank wirft noch mal nach Gisela, und diesmal gleich eine ganze Handvoll Erde, trifft aber nicht und wird ausgelacht. Ärgerlich geht er ins Zimmer zurück. »Schläfste etwa?«

»Ja.« Burkie knurrt nur.

»Wenn du ja sagst, schläfste nicht.«

»Halt die Klappe.«

»Du bist gemein.« Frank wirft sich auf sein Bett, verschränkt die Arme unter dem Kopf und denkt nach.

Vielleicht hätte er doch lieber mit Gisela Murmeln spielen sollen. Sie haben früher wirklich immer toll zusammen gespielt, waren genau solche dicken Freunde wie Burkie und Hotte. Einmal hat er Gisela sogar untersucht, weil er wissen wollte, wie die Mädchen zwischen den Beinen aussehen. Er war enttäuscht gewesen, weil da gar nichts Besonderes zu sehen war, aber interessant war es doch...

»Frank!«

Frank antwortet nicht. Vorhin wollte Burkie nicht, jetzt will er nicht.

»Frank!«

»Was ist denn?«

»Tuste mir'n Gefallen?«

»Nee.«

»Komm! Sei kein Stänker. Ich möchte Moni 'n Brief schreiben. Bringt ihr den. Bitte.«

Wenn Burkie bitte sagt, kann Frank nicht nein sagen. Er setzt sich auf und schaut zu, wie Burkie was auf einen Zettel schreibt, ihn in ein Briefkuvert steckt und das Kuvert zuklebt. Dann nimmt er den Brief und geht los. Während er geht, denkt er nach. Warum ist Burkie nur so schlecht gelaunt? Das kann doch nicht nur vom vielen Im-Bett-Liegen kommen, da muß doch noch was anderes dahinterstecken. Ob er vielleicht doch

Angst hat? Ob das mit dem Ball doch schlimmer war, als er zugeben will?

Ein Schrei! Frank blickt auf – mit quietschenden Reifen schießt ein Auto auf ihn zu. Er macht einen Satz, aber das Auto erwischt ihn noch. Er bekommt einen Stoß und landet auf dem Bürgersteig. Passanten beugen sich über ihn.

»Mein Gott, Junge! Wie kann man nur so schlafen!«

»Tut dir was weh? Hast du Schmerzen?«

»Diese Autos heutzutage!«

»Was mußte er mir aber auch direkt vor den Wagen laufen?«

»Wenn der Junge nicht so schnell reagiert hätte, wäre die Sache nicht so glimpflich abgelaufen.«

Frank hört all diese Stimmen, doch er kann sie nicht einordnen. Was ist geschehen? Ist er richtig überfahren worden? Aber es war ja gar nicht so schlimm ... Oder ist er schon tot und spürt deshalb nur diesen einen dumpfen Schmerz?

Eine Stimme dringt an sein Ohr, eine Stimme, die er kennt: Moni!

»Wie ist dir? Wo tut's weh?«

Frank macht den Mund auf, doch es kommen keine Worte heraus. Also ist er tot! Oder?

Er wird hochgehoben. Zwei Männer tragen ihn. Moni läuft neben ihnen her und dirigiert sie. Die Männer marschieren an der entsetzten Mutter vorbei in die *Gemütliche Ecke* hinein und wollen ihn auf einem Stuhl absetzen. Doch die Mutter faßt sich rasch und bittet sie weiter ins Hinterzimmer. Dort legen die Männer ihn auf die Couch und berichten, was vorgefallen ist.

»Hat sich denn auf einmal alles gegen uns verschworen?«

Die Mutter weiß vor Aufregung nicht, was sie tun soll. »Erst der eine, jetzt der andere.«

Frank hat inzwischen mitbekommen, daß er noch am Leben ist, und fühlt sich schon wieder ganz wohl. Er sucht den Brief, den er Moni bringen sollte, und steckt ihn ihr heimlich zu. Moni begreift, daß er auf dem Weg zu ihr war, bedankt sich und geht schnell davon.

Die Mutter zieht Frank aus und untersucht ihn. Sie drückt und befühlt alle Körperteile. »Spürst du hier was? Da? Oder dort?« Es gibt aber nur eine Stelle, die Frank spürbar schmerzt – der Hintern, und der ist ganz rot und dick, wie die Mutter feststellt.

»Da hast du aber noch mal Schwein gehabt.« Die Mutter legt erleichtert die Hände in den Schoß, um gleich darauf vorwurfsvoll den Kopf zu schütteln: »Wo hattest du bloß deine Gedanken?« Und als Burkie davon hört, schimpft er gleich los: »Da hatteste wohl nicht alle Tomaten in der Tüte, was? So was! Freiwillig ein Auto umrennen zu wollen!«

Am Abend besucht Dr. Möller beide Jungen. Doch er lacht nur und gibt Frank einen Klaps auf den sich langsam blau färbenden Hintern. »Aus lauter Sympathie für den kranken Bruder hält man seine vier Buchstaben doch nicht gleich vor ein Auto.« Die Mutter aber beruhigt er: »Es ist wirklich nichts Bedeutendes, er ist nur gestreift worden. Eine Prellung, weiter nichts.«

Danach untersucht er Burkhard und macht ein bedenkliches Gesicht. »Irgend etwas stimmt da nicht. Das ist keine harmlose Verstopfung, die wäre längst vorüber.« Er steht auf und tritt zur Mutter. »Ich gebe Ihnen eine Überweisung. Sie müssen den Jungen von Kopf bis Fuß untersuchen lassen. Das kann ich in meiner Praxis leider nicht.« Und während er seine Instrumente in der kleinen schwarzen Ledertasche verstaut, sagt er: »Ich telefoniere mal gleich mit Weißensee. Dort arbeitet ein Kollege von mir, Dr. Fällner. Er soll Ihnen für morgen nachmittag einen Termin geben.« Er gibt beiden Jungen die Hand und geht mit der Mutter hinaus.

Frank hebt den Kopf. »Sagst du dem Doktor morgen die Wahrheit?«

Es kommt keine Antwort. Burkie starrt nur vor sich hin.

»Burkie! Sag doch was.«

Keine Antwort.

»Bitte, Burkie, sag was!«

Endlich kommt es leise von Burkies Bett: »Schlaf jetzt.«

»Schläfst du auch?«

»Natürlich.«

Er lügt! Burkie lügt, und er gibt sich nicht einmal Mühe, es zu verbergen.

Halt die Ohren steif!

Frank träumt, er wird gejagt. Grüne Männer jagen ihn durch nächtliche Straßen. Er sucht ein Versteck und findet keins. Die grünen Männer aber kommen ständig näher. Vor Angst läuft er in ein Haus. Es ist ihr Haus, er läuft an ihrer Tür vorbei. Ganz deutlich sieht er das Messingschild mit den Buchstaben *W. Meisel* – Onkel Willis Name. Er weiß, daß Burkie und er in diesem Augenblick hinter jener Tür schlafen, und wundert sich: Wie ist das möglich? Wie kann er die Treppe hinauflaufen und gleichzeitig in seinem Bett liegen? Doch er hat keine Zeit, länger nachzudenken, er muß laufen; der Abstand wird immer geringer.

Die Tür der Hammersteins. Er läutet Sturm. Aber noch während er läutet, fällt ihm ein, daß niemand öffnen wird. Hammersteins sind ja ausgezogen. Es bleibt ihm nur der Dachboden. Doch was soll er machen, wenn er oben ist?

Und dann steht er auf einmal auf dem Dach, über ihm der dunkelblaue, sternenerleuchtete Nachthimmel, und von der Bodenluke her kommen Geräusche: die grünen Männer! Da sind sie wieder. Und der erste der Männer, der den Kopf durch die Luke steckt, ist Onkel Willi …

»Burkie! Burkiiiee!«

»Was ist denn? Wach auf, du träumst ja nur.«

Frank öffnet die Augen. Der Bruder hält ihn an den Schultern, die Nachttischlampe wirft einen matten Schein.

Er hat geträumt, hat nur geträumt, aber was für ein seltsamer Traum war das? Er hat schon oft geträumt, fast immer ganz dummes Zeug, aber so etwas Furchtbares noch nie. Frank wirft die Bettdecke von sich. Vor Angst ist er ganz naßgeschwitzt.

»Burkie?«

»Ja.«

»Hast du nicht geschlafen?«

Der Bruder antwortet nicht gleich. Schließlich murmelt er leise: »Das verfluchte Bett! Es fährt Kahn mit mir.«

Was kann das bedeuten – Kahn fahren im Bett? Frank lauscht angestrengt. Wie Burkie atmet! Fast so, als ob er auch Angst hätte. Aber wovor hat der Bruder Angst? Hat das was mit seiner Krankheit zu tun? Frank wird unruhig. Vielleicht ist es doch besser, wenn er der Mutter morgen alles sagt. Auch auf die Gefahr hin, daß Burkie dann ein ganzes Jahr kein einziges Wort mehr mit ihm spricht.

Frank denkt noch lange über den Bruder nach, irgendwann aber kehrt die Müdigkeit in ihn zurück. Eine angenehme, tiefe Müdigkeit. Er schläft wieder ein und setzt seinen Traum dort fort, wo er ihn beendet hat. Doch nun ist sein Traum kein Alptraum mehr, es ist ein schöner, ruhiger Traum geworden. Die grünen Männer können ruhig auf ihn zugekrochen kommen – Burkie steht neben ihm und hält seine Hand. Frank ist überzeugt davon, daß sie gleich miteinander davonfliegen werden, mitten in die dunkle Nacht hinein. Und tatsächlich, bevor die grünen Männer ganz heran sind, breiten Burkie und er die Arme aus und fliegen wie vom Wind getragen davon.

Es ist ein herrliches Gefühl zu fliegen. Frank fühlt sich ganz leicht, und die Stadt mit ihren Häusern und Lichtern unter ihm wird immer kleiner, immer kleiner und der Himmel immer größer...

»Frank?«

Frank öffnet die Augen. Die Stimme kam nicht aus seinem Traum, sie kam von Burkies Bett her. Er richtet sich auf und schaut zu Burkhard hin. Es ist nun schon ganz hell in ihrem Zimmer, viele kleine Staubteilchen tanzen in den Sonnenstrahlen, die durchs Fenster dringen. »Was ist denn?«

»Nichts.« Der Bruder lächelt schwach. »Was macht dein Hintern?«

Franks Hintern tut zwar noch ein bißchen weh, aber schlimm ist es nicht mehr.

»Paß mal auf! Ich hab was entdeckt.« Burkie streckt die Hand aus und bewegt die Balkontür. Frank folgt seinem Blick und entdeckt auf der Tapete Schatten, nicht größer als Kasperlepuppen. Sie laufen auf der Tapete entlang und verschwinden kurz vor dem Kleiderschrank.

Träumt er noch? Oder hält Burkie ihn zum besten? Immer neue Schatten wandern über die Tapete, mal in größeren, mal in kleineren Abständen. Der Bruder lacht leise. »Das kommt von der Sonne. Die Leute auf der Straße werden durch die doppelte Glasscheibe widergespiegelt.«

Frank schaut auf die Tapete. Manchmal laufen zwei oder drei Schatten gleichzeitig über die Wand, meistens aber ist es nur ein einzelner. Burkie gibt den Schatten Namen. »Das ist August Meier. Er säuft und schlägt seine Frau. Das ist Johannes Grünspan. Er ist geizig und gönnt sich nur trockenes Brot. Das ist Hedwig Suppengrün, und die neben ihr ist Mathilde Straßenschmutz. Sie klatschen über die Nachbarn.«

Neugierig schaut Frank zu Burkie hin. Geht es ihm wieder besser – oder tut er nur so?

Er tut nur so. »Burkie!« bittet Frank leise. Doch der Bruder hat das erwartet. »Halt die Klappe!« sagt er.

Dann kommt die Mutter, schaut nach Burkie und besieht sich Franks Hintern. Danach setzt sie sich noch mal zu Burkie ans Bett. »Willst du mir nicht doch noch was sagen, bevor wir losfahren?«

Burkie schüttelt nur stumm den Kopf. Die Mutter seufzt. »Ich bin mir sicher, daß da noch was ist. Aber natürlich kann ich dich nicht zwingen, vernünftig zu sein.«

Als die Mutter fort ist, setzt Frank sich zu Burkhard ans Bett und liest ihm vor. Er will zeigen, daß er Fortschritte gemacht hat. Es ist die Geschichte von den beiden Jungen, die sich im Winterwald verirrt haben. Frank weiß nun, wie sie sich retten: Der größere der beiden sieht Bahngleise, Schienen, die sich wie schwarze Schlangen durch den weißen Wald schlängeln. Die Jungen warten, bis ein Zug vorbeirattert, und lesen an den Waggonbeschriftungen, wo der Zug herkommt und wohin er fährt. Nun wissen sie, in welche Richtung sie zu gehen haben, und laufen an den Schienen entlang nach Hause.

»War das gut?«

Von Burkies Bett kommt keine Antwort.

»Burkie! Was ist?« Frank legt das Buch beiseite und beugt sich über den Bruder.

Burkie dreht den Kopf weg. »Geh zu Mutter. Sag ihr ... sag ihr alles.« Er drückt das Gesicht ins Kissen. »Nun geh doch schon!«

Frank läuft aus dem Zimmer, die Treppe hinunter, in die Küche. Die Mutter steht am Herd. Als Frank hereinstürzt, blickt sie überrascht auf. Er sagt ihr alles, verhaspelt sich, muß von vorn anfangen, aber er läßt nichts aus. Dann legt er den Kopf an ihre Seite und weint.

Die Mutter setzt ihn auf einen Stuhl. Sie ist ganz weiß im Gesicht und sagt kein Wort. Still geht sie aus der Küche, still steigt sie die Treppen empor.

Frank bleibt in der Küche. Er will lieber nicht dabei sein, wenn die Mutter mit Burkie spricht.

Als die Mutter wiederkommt, ist sie betroffen und enttäuscht, traurig und zornig. Doch sie überläßt sich nicht ihren Gefühlen, geht gleich ans Telefon und ruft das Krankenhaus an, das Dr. Möller ihr empfohlen hat. Danach geht sie wieder zu Burkie hoch und beginnt sein Zeug einzupacken. Und diesmal geht Frank mit.

Der kleine dunkelbraune Koffer mit den abgestoßenen Ecken liegt auf dem Tisch. Der Deckel ist weit geöffnet. Es sieht aus, als sperre der Koffer sein Maul auf, um zu schlucken, was die Mutter einpackt. Burkie sitzt still auf seinem Bett und sieht zu. Nach seiner Meinung packt die Mutter zuviel ein. Viel zuviel! Er will doch keine Ewigkeit im Krankenhaus bleiben. Aber er sagt nichts. Er weicht ihren vorwurfsvollen Blicken aus und schweigt. Und Frank schweigt auch. Er sieht es der Mutter an: Sie kann einfach nicht verstehen, warum sie ihr so lange nicht die Wahrheit gesagt haben.

Endlich macht Burkhard doch den Mund auf. »Ich hatte Angst, nicht mehr Fußball spielen zu dürfen«, sagt er leise. »Du hast ja immer gesagt: Sport ist Mord...«

»Na und? Hatte ich nicht recht?«

»Nein.« Burkie sieht die Mutter fest an. »Was mir passiert ist, war ein Zufall, weiter nichts. Ebensogut kann man einen Ziegelstein auf den Kopf bekommen oder vom Auto überfahren werden – wie Frank.«

»Und das mit Onkel Karl, das war wohl auch ein Zufall?«

Burkie zuckt die Achseln.

»Na, lassen wir das jetzt. Nun ist daran sowieso nichts mehr zu ändern.« Die Mutter hilft Burkhard auf. »Wir unterhalten uns, wenn du wieder gesund bist. Jetzt zieh dich an. Das Taxi muß gleich kommen.«

Die Mutter hat noch nicht ganz zu Ende gesprochen, da hört Frank das Taxi schon und läuft auf den Balkon, um dem Fahrer durch Kopfnicken zu verstehen zu geben, daß sie gleich kommen werden. Er möchte sich nützlich machen, die Mutter versöhnen. »Wenn Burkie nicht wieder gesund wird, hast du schuld«, hat sie vorhin gesagt. Der Bruder will sich allein anziehen, aber dann schafft er es doch nicht, die Mutter muß ihm helfen. Und als sie damit fertig ist, muß Burkhard sich erst noch mal kurz aufs Bett setzen, um zu verschnaufen, bevor er sich von Frank verabschiedet. »Wenn du mich besuchen kommst, denk an die Fußballergebnisse«, bittet er ihn.

Frank nickt, beißt sich auf die Lippen und läuft schnell wieder auf den Balkon.

Auf der Straße ist es sonntäglich still. Der Taxifahrer lehnt an seinem Wagen, raucht eine Zigarette und hält sein Gesicht in die Sonne. Vor der Haustür spielen Gisela und Traudel *Himmel und Hölle.* Es ist ein fast heiteres Bild, das sich Frank bietet. Das stört ihn. Es paßt nicht zu dem, was um ihn herum vorgeht.

Die Mutter und Burkie kommen aus der Haustür. Der Bruder stützt sich auf die Mutter und atmet so tief, als wäre die warme, fast schon schwüle Luft kühl und klar und könne ihm allein durch ihre Frische wieder auf die Beine helfen. Der

Taxifahrer öffnet ihnen die Tür und schlägt sie hinter ihnen zu. Burkie kurbelt das Fenster herunter, schaut zu Frank hoch und winkt.

Frank winkt zurück und versucht, sich Mut zu machen. Er denkt an all die Kinder, die schon mal im Krankenhaus lagen und quietschvergnügt wieder nach Hause kamen, aber viel nützt das nicht.

Burkie öffnet den Mund. Mit überdeutlichen Mundbewegungen will er ihm etwas sagen. Frank kann nicht genau herausfinden, was es ist, aber er kann sich denken, daß es »Halt die Ohren steif!« oder »Kopf hoch!« heißen soll. Deshalb nickt er nun wieder.

Das Taxi fährt an. Burkie sieht durch das Rückfenster. Hotte steht am Straßenrand und winkt mit beiden Händen. Burkie lächelt blaß und winkt zurück. Dann blickt er in den ersten Stock hoch, bis das Taxi in der Prenzlauer Allee verschwunden ist.

Einbrecher

Es ist langweilig ohne Burkie. Frank liegt in Burkies Bett und liest das Buch, das der Bruder ihm gab, kommt aber nur langsam voran. Die Geschichten darin sind zwar sehr spannend, aber manchmal doch ziemlich schwer zu lesen. Es strengt ihn sehr an. Er schlägt das Buch zu und denkt nach.

Burkie ist nun schon acht Stunden im Krankenhaus, und der Arzt hat gesagt, man komme um eine Operation nicht herum, Burkies Magen wäre geplatzt und müsse zugenäht werden.

Daß ein Magen platzen kann? Die Mutter sagt, die harten Erbsen wären schuld. Sie hätten die Magenwand gespannt, so daß der Schuß auf den Bauch den Magen zum Platzen brachte. Wären die Erbsen nicht gewesen, wäre es Burkie höchstens mulmig geworden. Ein geplatzter Magen aber sei gefährlich; was im Magen sei, dürfe nicht ins Blut dringen, sonst ergebe das eine Blutvergiftung.

Es fällt Frank schwer, der Mutter zu glauben. Was man essen darf, kann doch nicht giftig sein?

Er schlägt die Bettdecke zurück und fährt sich mit dem Zeigefinger über den nackten Bauch. Wie ist das, wenn einem der Bauch aufgeschnitten wird? Die Mutter sagt, man wird narkotisiert, man merke nichts; es sei, als schlafe man nur. Er kann auch das nicht recht glauben. Es muß doch wenigstens ein bißchen weh tun.

Er kann so vieles nicht glauben, und doch muß es so sein, wie die Mutter sagt. Wozu sollte sie ihn belügen? Frank knipst das Licht aus. Er will nun endlich schlafen, nicht mehr nachdenken. Doch schon bald knipst er das Licht wieder an. Im

Dunkeln piesacken ihn die Gedanken noch ärger. Anstatt müde zu werden, wird er immer munterer.

An der Wohnungstür schließt es, die Mutter kommt. »Du mußt jetzt das Licht ausmachen«, sagt sie.

»Ich kann nicht schlafen.«

»Du mußt. Wir wollen doch morgen zur Brunnenstraße, Burkie was Schönes kaufen.« Die Mutter streicht ihm das Haar aus der Stirn. »Wenn er auch selbst schuld daran ist, daß es soweit gekommen ist, so soll er doch eine Freude haben, jetzt, wo es ihm so schlecht geht.«

»Wird Burkie auch bestimmt wieder gesund?«

»Aber natürlich.«

Sie schwindelt. Er sieht es ihr an, die Mutter weiß auch nicht mehr als er.

Kaum hat die Mutter das Licht gelöscht, sind die Gedanken wieder da.

Die Brunnenstraße liegt zur einen Hälfte in West-Berlin, zur anderen in Ost-Berlin. Frank versteht noch nicht alles, was nach dem Krieg mit ihrer Stadt geschehen ist, aber daß Berlin in vier Sektoren eingeteilt ist, weiß er: in einen amerikanischen, einen französischen, einen englischen und einen russischen. Der Russische Sektor ist der Ostsektor, in dem leben sie. Die drei anderen sind die Westsektoren. In den Westsektoren gibt es anderes Geld, und man kann dort vieles kaufen, was es im Ostsektor nicht gibt. Deshalb fahren die Mutter und auch viele andere Leute aus dem Ostteil der Stadt oft dorthin, um einzukaufen.

Besonders schön ist es im Herbst in der Brunnenstraße. Dann wird es früh dunkel, und in den kleinen Buden im West-

Berliner Teil werden die Petroleumlampen angesteckt. Wie auf einem Weihnachtsmarkt sieht es dann dort aus. In den Buden gibt es alles, was man sich nur wünschen kann: Spielzeug, Schokolade, Kleidung, bunte Zigarettenpackungen und vieles mehr. Frank imponieren am meisten die Fischläden: Aale, Heringe, Bücklinge, Sprotten und Ölsardinen in Büchsen mit pfeiferauchenden Matrosen drauf werden dort angeboten, und sogar einen kleinen Haifisch hatte die Mutter ihm mal gezeigt.

Gleich nach den Fischläden kommen die Käseecken in den Lebensmittelbuden. Schinkenkäse und Harzer Käse, die liebt er! Schinkenkäse, weil er ihm schmeckt, Harzer Käse, weil die Mutter aus dem Harz kommt.

Aber was sollen sie Burkie kaufen? Essen darf er ja nichts. Am meisten würde er sich natürlich über einen Fußball freuen, so einen schönen gelben, wie er ihn letztens in einem Schaufenster am S-Bahnhof gesehen hat... Aber den wird die Mutter ihm nicht kaufen.

Oder doch? Sie will ja, daß Burkie sich freut, damit er schneller wieder gesund wird...

Frank sieht Burkhard schon mit dem neuen Ball Fußball spielen, natürlich im blau-weißen Hertha-Trikot. Er malt sich das so richtig aus, sieht wunderschöne Fußballszenen – und schöne Gedanken machen schneller müde als schlechte. Irgendwann, mitten in einem tollen Spiel, schläft er ein. Doch dann ist er plötzlich wieder wach: Was war das? Fuhrwerkte da nicht eben ein Schlüssel im Schloß herum?

Da! Schon wieder! Das ist nicht die Mutter.

Der Schlüssel wird aus dem Schloß gezogen. Stille. Dann – wieder! Ein neuer Schlüssel wird ausprobiert...

Einbrecher! Das sind Einbrecher! Frank schaltet das Licht an und setzt sich auf: Sein Herz klopft so laut, daß er es fast hören kann. Es ist dreiviertel zwölf. Erst in über einer Stunde schließt die Mutter das Lokal, vorher wird sie nicht nach ihm schauen... Wieder ein neuer Schlüssel! Er hat mal ein Bild von einem Einbrecher gesehen, der ein großes Schlüsselbund in der Hand hielt... »Einer paßt immer«, sagte Burkie damals zu ihm.

Leise steht Frank auf und geht auf den Balkon. Auf der Straße ist es ruhig, die Luft ist warm. Aus der *Gemütlichen Ecke* dringt Stimmengewirr zu ihm hin. Niemand achtet auf die Einbrecher.

Soll er Krach schlagen, damit sie Angst bekommen und von der Tür ablassen? Oder drücken sie die Tür dann einfach ein und kommen herein?

Frank schaut über die Blumenkästen hinweg. Es ist nicht sehr tief bis zum Straßenpflaster... Ob er da runterspringen kann? Die Mauer neben dem Bezirksamt ist nicht viel niedriger...

Er steckt den Kopf durch die Balkontür. Dieselben Geräusche, es hat sich nichts verändert. Die Einbrecher befürchten offenbar nicht, gehört zu werden. Wenn es welche von den Gästen sind, wissen sie ja auch, daß Burkie im Krankenhaus liegt und er allein hier oben ist.

Frank beschließt, auf dem Balkon zu bleiben. Auf dem Balkon werden sie nicht suchen, da gibt es nichts zu stehlen. Und kommen sie doch, dann muß er eben springen. Er flitzt noch einmal ins Zimmer und angelt sich eilig Kopfkissen und Bettdecke, dann legt er sich dicht neben der Balkontür nieder und wickelt sich in sein Bettzeug. Die Tür lehnt er nur an, so kann er ins Zimmer hineinlauschen. Und er hört: Das Schlüsselklappern nimmt kein Ende.

Er denkt an den Bruder. Wenn Burkie hier wäre, würden sie einen Schrank vor die Tür schieben oder den Dieben Angst machen. Burkie würde seine Stimme verstellen oder behaupten, er hätte einen Revolver; irgendwas würde Burkie schon einfallen. Ihm fällt nichts ein, er hat nur Angst.

Der Überredungskünstler

Als die Mutter ihn weckt, ist Frank wie benommen. Steif reckt er den Kopf in die Luft. Wo ist er? Was ist geschehen? Ihm schmerzen alle Glieder.

Die Mutter schimpft. Sie hat ihn überall gesucht. Auf die Idee, daß er es sich auf dem Balkon gemütlich gemacht hat, ist sie nicht gekommen.

Die Einbrecher! Frank springt auf und späht ins Zimmer. »Einbrecher«, stottert er aufgeregt, »es waren Einbrecher hier.« Und dann erzählt er der Mutter von den Erlebnissen der Nacht.

Die Mutter lacht. Trotz all ihrer Sorgen muß sie lachen und streicht Frank, der nun überhaupt nicht mehr weiß, was los ist, über das strubbelige Haar. »Das war der Herr Lehmann von nebenan. Er hat die Schlüssel in der Wohnung gelassen und die Tür zugeschlagen. Deshalb hat er alle möglichen Schlüssel und Dietriche ausprobiert, um in seine Wohnung zu gelangen. Das war an seiner Tür, nicht an unserer.«

Der Lehmann? Frank schämt sich. Ohne ein weiteres Wort zu sagen, geht er ins Bad und schließt die Tür hinter sich ab. Wenn Burkie hier gewesen wäre, wäre ihm das nicht passiert.

Nach dem Frühstück fahren die Mutter und Frank mit der Straßenbahn bis zur Bernauer Straße und gehen zu Fuß die Brunnenstraße hoch. Am hellichten Tage sehen die kleinen Buden nicht so gemütlich aus, eher mickrig. Aber was sie zu verkaufen haben, sieht nicht mickrig aus.

Die Mutter hat sich einen Zettel gemacht, kauft für Onkel Willi zweihundert Gramm Kieler Sprotten und für Frank einen ganz kleinen Aal. Für sich selber kauft sie einen Bückling und für Tante Lucie, die kommen will, um Burkie zu besuchen, ein Stückchen Heilbutt. Damit sind sie aus dem Fischladen wieder draußen, und Frank muß auf den Geruch, den er so liebt, verzichten.

In der Apotheke riecht es nicht so gut, aber nur hier, im Westen, kriegt die Mutter die Tabletten, die gegen ihre Kopfschmerzen helfen. Jedenfalls sagt sie das.

Im Fischladen und in der Apotheke hat die Mutter mit Westgeld gezahlt; manchmal nimmt sie ja auch Westgeld ein. Nun hat sie nur noch Ostgeld und muß für alles das Vierfache bezahlen, denn eine Westmark ist über vier Ostmark wert. Frank kennt sich aus in den Wechselkursen, muß manchmal den Gästen sogar etwas vorrechnen. Dann lobt ihn selbst Herr Bessel, der ihn sonst nie lobt: »So ist's richtig, Junge! Rechnen muß man können. Alles andere ist Firlefanz.«

»Und was kaufen wir Burkie nun?« Die Mutter steht vor einem Geschäft mit Hosen und Pullovern. Aber aus Kleidung hat Burkhard sich noch nie etwas gemacht.

Frank fällt ein, woran er am Abend vor dem Einschlafen gedacht hat. »Wird Burkie am schnellsten wieder gesund, wenn er sich richtig freut?«

Die Mutter stutzt. »Sicherlich.«

»Richtig freut er sich nur über einen Fußball.« Frank schaut weg. Er erwartet ein Donnerwetter – aber es bleibt aus. Die Mutter guckt ihn nur nachdenklich an.

Da erzählt er ihr, was ihm in der Nacht eingefallen ist, und die Mutter hört zu, widerspricht nicht und unterbricht ihn nicht.

Erst als Frank verstummt, zieht sie ihn an sich und sagt zärtlich: »Du bist mir vielleicht ein Überredungskünstler! Aber du hast recht, Burkie soll sich freuen. Das ist jetzt das Allerwichtigste für ihn.«

Und dann gehen sie los und kaufen den Fußball. Es ist ein Prachtstück, ganz gelb und neu; nicht zu vergleichen mit dem Lumpenball, den Burkie sich selber mal gebastelt hat. Und das Netz, in dem Frank den Ball trägt, hat die Mutter gleich noch mitgekauft.

Zurück fahren sie mit der S-Bahn. Vom Bahnhof Gesundbrunnen aus über die Schönhauser Allee sind es nur zwei Stationen bis zur Prenzlauer.

Mit der S-Bahn überqueren sie die Sektorengrenze, ohne daß Frank irgend etwas davon sehen kann. Und als der Zug auf dem S-Bahnhof Schönhauser Allee hält, sie also wieder im Ostsektor sind, sagt die Mutter bitter: »So! Nun sind wir wieder in der DDR.« Und dabei betont sie die drei Buchstaben, als wolle sie sich über sie lustig machen.

DDR heißt Deutsche Demokratische Republik – so steht es seit einem dreiviertel Jahr überall angeschlagen, denn der Ostsektor der Stadt gehört zur DDR. Herr Bessel aber sagt, DDR heiße *d*rei *D*oofe *r*egieren. Und mit den drei Doofen meint er die drei Politiker, die an der Spitze der DDR stehen.

Frank versteht das alles noch nicht richtig, aber daß es seit kurzem zwei Deutschlands gibt, die DDR und die Bundesrepublik, das hat er begriffen. Und auch, daß die beiden deutschen Regierungen oft miteinander streiten. Besonders wichtig jedoch findet er das nicht. Für ihn ist nur eines wichtig – daß es nie wieder Krieg gibt, denn sonst würden vielleicht auch Burkie und er noch Soldaten werden müssen. Und das will er nicht. Da muß er nur an seinen Vater denken, um ganz sicher zu sein, daß er das nicht will.

In drei Wochen

Donnerstag! Es ist Donnerstag! Heute darf er Burkie besuchen. Frank hört nicht, was Fräulein Belinsky erklärt, sieht nicht, was sie auf die Tafel zeichnet, wartet nur auf das Klingelzeichen.

Da ist es! Die Tische und Stühle werden gerückt. Frank nimmt sich nicht einmal die Zeit, den Ranzen auf den Rücken zu bugsieren. Er packt ihn an den Riemen und saust durch die Gänge und über den noch friedlich daliegenden Schulhof auf die Straße hinaus. Als er in der *Gemütlichen Ecke* eintrifft, ist er völlig außer Atem. Die Mutter nimmt einen nassen Waschlappen und wischt ihm damit erst einmal über das verschwitzte Gesicht. »Verrückter Kerl«, murmelt sie dabei.

Danach muß Frank essen. Es gibt Kohlrouladen, sonst eines seiner Lieblingsgerichte. Heute freut ihn das gar nicht. Die Zeitverschwendung mit dem Bindfaden macht ihn nur noch unruhiger. Und dann fällt ihm die Roulade auch noch runter.

»Der Bindfaden ist zu lang.«

Die Mutter, die bereits fertig angezogen ist, hilft ihm. Sie sieht ernst aus; gar nicht so, als wäre sie glücklich, Burkie besuchen zu dürfen. Sie hat vorhin kurz mit dem Doktor telefoniert und anschließend mit Tante Lucie, die nun doch nicht mitkommen kann, weil Tante Gertruds kleiner Murkel Fieber hat.

Frank ißt zu hastig, verschluckt sich und muß husten. Die Mutter schimpft: »Wenn du jetzt nicht ordentlich ißt, bleibst du zu Hause.«

Endlich ist es soweit. Über die Theke hinweg bespricht sich die Mutter noch einmal kurz mit Onkel Willi, der auf seinen Mittagsschlaf verzichten muß. Sie sagt ihm, wo der Scheck für den Steuerberater liegt und daß das Malzbierfaß fast leer ist; er soll rechtzeitig ein neues anstechen.

Onkel Willi nimmt ein benutztes Bierglas und taucht es ins Spülbecken. »Grüß ihn von mir«, bittet er. »Sag ihm ...« Doch was die Mutter Burkie sagen soll, weiß er offenbar nicht. Deshalb stellt er nur das Glas weg und tut, als hätte er nie einen Satz angefangen, den er nicht beendet hat. Die Mutter versteht ihn auch so. »Ich sag's ihm«, verspricht sie Onkel Willi.

Sie fahren mit der 72. Die Straßenbahn ist nicht sehr voll, sie haben jeder einen Sitzplatz erwischt, allerdings nicht nebeneinander. Frank hält den Fußball auf dem Schoß und blickt ab und zu zur Mutter hin, doch die ist mit den Gedanken ganz woanders.

In der Toreinfahrt zum Krankenhaus sitzt ein Pförtner, lutscht an einem Zigarrenstummel und trägt eine Schirmmütze mit einem goldenen Anker auf dem Kopf, als wäre er ein Kapitän. Er sucht lange in einem dicken, dunklen Buch, bevor er der Mutter Auskunft gibt: »Burkhard Scholz? Jawohl, hier ist er! Station B7. Immer den Hinweisschildern nach.«

Aber wo sind sie, diese Hinweisschilder? Vorhin war eins da, doch hier, wo mehrere Gänge in verschiedene Richtungen auseinanderlaufen, ist keins zu finden. Eingeschüchtert gehen die Mutter und Frank durch die seltsam riechenden Gänge und Flure und wagen nicht, an eine der Türen zu klopfen und nach der Station B7 zu fragen. Manchmal kommt ihnen eine Krankenschwester entgegen, aber die Frauen in den hellblauen Blusen und den weißen Schürzen und Hauben haben es sehr eilig. Wenn sie überhaupt stehenbleiben, deuten sie nur in eine Richtung und hasten weiter, als müßten sie gerade irgendwo ein Leben retten.

Es ist eine andere Welt, durch die sie wandern, eine weiße Welt. Frank macht diese Welt Angst, und deshalb bedauert er den Bruder. So tapfer kann gar niemand sein, um nicht bei dem bloßen Gedanken, hierbleiben zu müssen, ein unangenehmes Gefühl zu verspüren.

Die Mutter weist auf eine Milchglastür, auf der mit schwarzer Schrift B 7 geschrieben steht, und sagt: »Na endlich! Das wurde aber auch Zeit.« Hinter der Tür aber ist nur ein neuer langer Gang. Die Mutter seufzt, schaut sich um und hat Glück: Eine Tür wird geöffnet, ein Arzt verläßt eines der Zimmer. Es ist Dr. Fällner – Burkies Arzt.

Dr. Fällner begrüßt erst die Mutter und dann Frank und geht danach mit der Mutter in sein Zimmer zurück. Frank muß warten. Er ist wieder mal zu klein, um hören zu dürfen, was die Erwachsenen miteinander bereden. Und er muß lange warten. Als dann der Doktor und die Mutter wieder herauskommen, ist die Mutter bleich im Gesicht, ihre Augen und die Nase aber sind gerötet. »Was ist denn?« will Frank fragen, doch weder der Doktor noch die Mutter nehmen ihn richtig wahr, gehen nur weiter durch den Flur, bis sie vor einer anderen Tür stehenbleiben. Der Doktor hebt fragend die Augenbrauen. Die Mutter putzt sich die Nase, holt tief Luft und nickt. Erst dann öffnet der Arzt die Tür.

Burkie liegt im Bett und grinst. Er ist allein im Zimmer, das andere Bett ist leer. Sein Gesicht ist weiß, weißer als das Bettlaken, denkt Frank, aber er sieht vergnügt aus. Und als er den Ball in Franks Händen sieht, beginnt er sogar zu strahlen.

»Wie geht's dir denn?« fragt die Mutter und setzt sich zu ihm.

»Operation gelungen, Patient tot!«

Frank atmet auf. Er dachte schon, dem Bruder ginge es nicht gut.

Die Mutter streichelt Burkies schmale, wie durchsichtig wirkende Hand und preßt die Lippen zusammen. Zwei Tränen laufen ihr über das Gesicht. »Ich freue mich ja so, daß du alles gut überstanden hast«, ist das einzige, was sie herausbringt.

Dr. Fällner lächelt. »Ein tapferer Kerl, Ihr Burkhard! Hat das alles hinter sich gebracht, als ob er sich nur mal kurz die Haare schneiden lassen wollte.« Dann schaut er auf die Uhr und verabschiedet sich von der Mutter und Frank. Zu Burkie gewandt sagt er: »In drei Wochen spielst du wieder Fußball. Ich komme zuschauen. Und wehe, ihr verliert!«

Erst als sie allein sind, wagt Frank den Mund aufzumachen: »Hat es denn gar nicht weh getan?«

»I wo!« Burkie lacht über das ganze weiße Gesicht. »Nicht mal gekitzelt hat's. Nur mein Bauch, der sieht jetzt aus wie 'n Rollschinken.«

Die Mutter nickt ganz in Gedanken versunken und schweigt.

Burkies Lachen verblaßt. »Was hat der Arzt gesagt?«

Das interessiert auch Frank, das möchte er auch gerne wissen.

Die Mutter kramt umständlich in ihrer Handtasche. »Die Operation ... ist gut verlaufen. In drei Wochen ... spielst du ... wieder ... Fußball.«

Burkie versucht, in Mutters Gesicht zu lesen. »Warum stotterst du?«

Die Mutter wird heftig. »Weil ich nicht will, daß du wieder Fußball spielst.« Sie schließt nervös die Handtasche. »Denkst du, ich will das alles noch mal durchmachen?«

»Und warum hast du mir dann den Ball mitgebracht?«

»Weil... weil... weil wir dich liebhaben, du dummer Kerl! Und weil ich weiß, daß du ja doch nicht auf mich hörst.«

Burkhard will erneut etwas fragen, doch die Mutter unterbricht ihn: »Über Fußball reden wir später. Werde erst mal wieder gesund.« Dann geht sie auf den Flur und bittet eine Krankenschwester, eine Vase für die Blumen zu bringen. Für zwei, drei Minuten sind Frank und Burkie allein, sehen sich an und grinsen. Es fällt ihnen nichts Besseres ein.

Die Schwester bringt die Vase und bestaunt die Blumen. »Die sind aber schön, ein richtiger bunter Gartenstrauß.«

Außer den Blumen und dem Fußball haben die Mutter und Frank Burkhard noch jede Menge Bücher mitgebracht. Die Mutter legt sie auf den Nachttisch. »Schade, daß du noch nichts essen darfst. Ich hätte dir gerne Obst gebracht.«

»Hab gar keinen Hunger.« Burkies Stimme klingt auf einmal müde. Er dreht den Kopf zur Seite.

»Der kommt wieder«, sagt die Mutter und beginnt Burkie auszufragen: Ob die Schwestern nett sind, die Ärzte freundlich und ob er viele Medikamente nehmen muß. Als sie keine Fragen mehr hat, richtet sie Grüße aus. Zuerst spricht sie von Onkel Willi. Was er sagte und was er mit dem »Sag ihm...« ausdrücken wollte.

Onkel Willis Gruß ruft auf Burkies Gesicht ein Lächeln hervor, ein verlegenes, leicht ironisches Lächeln. Aber es ist unverkennbar: Er freut sich darüber.

Die Mutter richtet weitere Grüße aus: von Tante Lucie, die ihn am Sonntag besuchen kommen will; von Herrn Modersohn, der ihm bestellen läßt, er solle gefälligst schneller gesund werden, eine neue Anprobe sei fällig; von Hotte und seinen Eltern und von einigen Stammgästen.

Es sind ungewöhnlich viele Grüße, fällt Frank auf. Burkhard ergeht es nicht anders. Er hört zwar zu, aber er achtet mehr auf den Tonfall als auf die Worte. Wenn er zur Mutter aufschaut, guckt er mißtrauisch.

Als die Mutter dann endlich mal eine Pause macht, zieht Frank einen Zettel aus der Hosentasche und liest Burkie die Fußballergebnisse vor. »Hertha hat gewonnen«, verkündet er froh.

Burkie lächelt, und dann sagt er: »Kümmere dich um Hotte. Sag ihm, er soll zum Training gehen. Du weißt ja, er verliert schnell die Lust.«

Das ist ein Auftrag! »Wird erledigt.« Frank errötet vor Stolz. Er wird sich um Hotte kümmern. Und wie! Hotte soll ja nicht denken, er könne jetzt faulenzen.

Die Tür wird geöffnet, eine Schwester schaut herein. »Sie müssen jetzt gehen«, sagt sie leise. »Es strengt ihn zu sehr an.«

Die Mutter steht auf, nimmt Burkies Kopf in beide Hände und schaut ihn lange an. »Es wird alles wieder werden. Und wegen dem Fußball – mach dir keine Sorgen, wir finden schon eine Lösung.«

Frank reicht Burkie die Hand. »Beeil dich, ja – ohne dich ist's langweilig.«

»Mach ich«, sagt Burkie, dreht aber den Kopf weg.

Sie winken noch mal durch die offene Tür ins Zimmer hinein, dann schließt die Mutter die Tür, lehnt sich an die Wand und ringt nach Luft.

»Was ist denn?« fragt Frank.

»Nichts«, sagt die Mutter.

Das Geheimnis

Die Straßenbahn zuckelt durch die Straßen. Frank ist es, als dauere die Rückfahrt viel länger als die Hinfahrt, und die Mutter schweigt vor sich hin, ist mit ihren Gedanken irgendwo, nur nicht in der Straßenbahn.

In der *Gemütlichen Ecke* angekommen, geht die Mutter gleich zu Onkel Willi hinter die Theke. Frank, der sich in gespielter Harmlosigkeit neben den beiden aufgebaut hat, wird ins Hinterzimmer geschickt. Er stellt sich ans Fenster und überlegt: Der Doktor muß der Mutter irgendwas gesagt haben, das ihr Sorge bereitet. Darum ist so komisch. Aber warum sagt sie es ihm nicht? Ist es so schlimm? Burkie war doch ganz vergnügt...

Er geht zur Tür, öffnet sie einen Spalt weit und schaut in die Gaststube hinein.

Die Mutter telefoniert. Sie hat sich noch nicht einmal umgezogen, steht mit dem Rücken zu ihm und spricht leise in den Hörer hinein.

Mit wem telefoniert sie? Was gibt es so Wichtiges, daß sie es sofort weitermelden muß?

Zwei Stunden später weiß Frank, wohin der Anruf ging: Tante Lucie kommt. Doch sie begrüßt ihn nur kurz, geht gleich mit der Mutter in die Küche. Und als er hinterher will, schlagen sie ihm die Tür vor der Nase zu. Er will lauschen, aber da kommt Onkel Willi und gibt ihm Geld. »Hier! Kauf dir ein großes Eis.«

Tante Lucie wird vorläufig bleiben, sagt die Mutter später. Warum, sagt sie nicht. Und als Frank fragt, ob Tante Gertruds

Murkel denn nun kein Fieber mehr hat, schüttelt Tante Lucie nur den Kopf. Das kann genausogut ja wie nein heißen.

Weil sie nicht untätig herumsitzen kann, nimmt Tante Lucie sich der Küche an. Frank schaut ihr beim Geschirrspülen zu und versucht die Tante auszuhorchen. Doch er kann fragen, was er will, sie bleibt stumm, ist ganz anders als sonst, sieht empört aus und beleidigt – und fast ein wenig zornig.

In dieser Nacht schläft Frank nicht gut, und Tante Lucie liegt in Burkies Bett und tut nur so, als schlafe sie, um nicht immer wieder neue Fragen gestellt zu bekommen.

Auch beim Frühstück wird nicht viel geredet. Frank ahnt, daß die Erwachsenen gesprächig werden, sowie er auf dem Weg zur Schule ist, und macht absichtlich langsam. Aber das nützt auch nichts; solange er dabei ist, reden sie nicht.

In der Schule fällt es ihm schwer, dem Unterricht zu folgen, Fräulein Belinsky muß ihn mehrmals ermahnen. Und zum Schluß muß er auch noch vorlesen. Es wird ein furchtbares Gestottere.

Als die Quälerei endlich vorüber ist, eilt er nach Hause. Irgend etwas sagt ihm, daß es dort Neues zu hören gibt. Aber die Mutter und Tante Lucie sind nirgends zu sehen. Nur Onkel Willi steht hinter der Theke.

»Wo ist Mutter? Und wo ist Tante Lucie?«

Onkel Willi betrachtet Frank, als sähe er ihn zum erstenmal. »Im Krankenhaus... Sie sind ins Krankenhaus gefahren.«

Frank wartet. Das kann nicht alles sein, irgendwas muß Onkel Willi doch noch dazu sagen.

»Der Doktor hat angerufen. Deinem Bruder... geht es schlechter.« Onkel Willi gießt sich einen Schnaps ein und trinkt ihn rasch aus. »Aber warten wir lieber ab, was die Frauen sagen. Nichts wird so heiß gegessen, wie es gekocht wird.«

Also doch! Es geht Burkie nicht gut.

In der Küche steht ein Teller mit belegten Broten. Tante Lucie hat sie geschmiert, Frank erkennt das auf den ersten Blick. Er holt sich ein Malzbier und beißt in eines der Brote. Doch schon nach zwei weiteren Bissen legt er das Brot auf den Teller zurück und läuft zur Straßenbahnhaltestelle. Hier müsen Mutter und Tante Lucie aussteigen, wenn sie zurückkommen.

Er muß nicht lange warten, in der ersten Straßenbahn aus Richtung Weißensee sind die beiden Frauen.

»Wie geht es ihm?«

Frank erhält keine Antwort. Die beiden Frauen haben geweint. Er sieht es, und das ist Antwort genug, auch wenn er nicht weiß, was es wirklich zu bedeuten hat.

Am Nachmittag sitzen sie zu viert im Hinterzimmer, die Gaststätte ist geschlossen. Onkel Willi betrachtet das Schnapsglas in seinen Händen, die Mutter und Tante Lucie sehen Frank an. Sie werden ihm gleich etwas mitteilen, was mit Burkie zu tun hat. Doch es kann nichts Gutes sein, das weiß er. Deshalb ist er nun gar nicht mehr neugierig. Er will gar nicht hören, was sie ihm zu sagen haben.

Die Mutter beginnt. Sie nimmt seine Hand zwischen ihre beiden Hände und sagt: »Frank! Du mußt jetzt sehr tapfer sein. Es gibt Dinge im Leben, die kann man nicht ändern, die muß man ertragen... Die Operation, weißt du... sie kam zu spät.«

Zu spät? Was heißt das?

»Burkie...wird...sterben.« Die Mutter läßt Franks Hand los und legt den Kopf auf die Arme. Ein tiefes Schluchzen schüttelt sie.

Sterben! Da ist es, dieses furchtbare Wort! Burkie – wird – sterben. Er wird einfach nicht mehr da sein. Dieses Wort hat Frank gefürchtet, aber nun, da es gefallen ist, begreift er es nicht. Müßte denn jetzt nicht alles kaputtgehen? Burkie stirbt! Sein Burkie!

»Aber... er war doch so lustig. Es ging ihm doch gut. Der Arzt...«

Tante Lucie spricht. Sie redet sehr leise, doch Frank versteht jedes Wort. »Es ist das Blut, es ist vergiftet. Es geht jetzt sehr schnell. Er phantasiert bereits. Morgen oder übermorgen wird er sterben.«

»Aber... die Operation?«

»Sie kam zu spät. Das hast du doch gehört«, schaltet sich Onkel Willi ein.

Zu spät. Zu spät?! Dann... dann war er ja schuld. Hätte er gleich gesagt, daß... Vor Franks Augen verschwimmt alles. Und dann steht er plötzlich auf und läuft fort. Die Erwachsenen begreifen nicht gleich, schließlich aber springt Onkel Willi auf, um ihm nachzulaufen. Er erwischt ihn kurz vor dem Hinterausgang.

Frank wehrt sich, schreit. »Laß los! Laß mich los, du – Buffkeschwein!« Und dann tritt er Onkel Willi vor das Schienbein. Er ist wie von Sinnen, aber die Gegenstände und Gesichter sieht er überdeutlich. Und er möchte in sie hineinschlagen, in diese Gesichter, die ihm das gesagt haben, möchte verletzen, weh tun.

Tante Lucie zieht ihn an sich. »Unser Herrgott ruft Burkie zu sich«, sagt sie. »Er wird es gut bei ihm haben.«

»Scheiße!« schreit Frank und boxt der Tante in den Bauch. Er sieht noch ihr beleidigtes und empörtes Gesicht vor sich. Warum tut sie denn jetzt so, als sei sie damit einverstanden, daß ihr lieber Herrgott Burkie zu sich ruft?

Die Mutter versucht, Frank zu greifen, aber er schlägt um sich, schlägt und tritt nach allen Seiten; es ist ihm egal, wen und was er trifft. »Ihr seid schuld, ihr alle! Ihr habt ihn im Stich gelassen«, schreit er. Sie packen ihn zu dritt, tragen ihn durch den Flur ins Hinterzimmer zurück, legen ihn auf die Couch und halten ihn fest. »Beruhige dich doch«, bittet die Mutter, während sie ihn streichelt. Doch Frank wehrt sich immer weiter und ruft immer wieder: »Ich bin nicht schuld. Ich nicht. Ich hab es ihm ja gesagt.«

Irgendwann richtet die Mutter seinen Kopf auf. Er muß trinken, was sie ihm an die Lippen hält. Es schmeckt bitter, gallebitter, aber es bewirkt, daß er nach und nach ganz ruhig wird und einschläft.

Als Frank wieder erwacht, ist es Nacht, und er liegt noch immer auf der Couch. Tante Lucie sitzt bei ihm und betet, die Mutter und Onkel Willi sitzen am Ofentisch und trinken Schnaps. Sie haben noch nicht bemerkt, daß er wach ist. Er kann sie beobachten, obwohl sie die Lampe mit dem Geschirrtuch abgedunkelt haben. Tante Lucie weint beim Beten, weint ohne viel Tränen, weint, wie sie spricht und geht, wie sie arbeitet und lacht, still und leise. Die Mutter weint nicht mehr. Ihre Tränen sind versiegt, ihre Augen sind dick und rot und wie ausgetrocknet. Onkel Willis Kopf hängt über dem

Tisch. Er stiert vor sich hin und schürzt ab und zu die Lippen.

Die Erwachsenen sind auch machtlos. Das erkennt Frank in diesem Augenblick. Und er wird es nie vergessen. Sie, die doch immer so tun, als gäbe es nichts, was sie nicht meistern könnten, sind genauso hilflos wie er.

Dein ganzes Leben lang

Am Sonnabend fahren die Mutter und Tante Lucie erneut nach Weißensee. Jeder Tag kann der letzte sein. Frank fährt mit. Er hat sich durchgesetzt, hat sich auf die Erde geworfen und geschrien und gedroht, daß er nie wieder ein Wort mit ihnen reden wird, wenn sie ihn nicht mitnehmen. Doch er mußte versprechen, tapfer zu sein, und er ist tapfer. Er war auch gestern nacht tapfer, hat gegessen, obwohl er nicht den geringsten Appetit verspürte. Und er hat noch einmal die Tropfen geschluckt, die dann dafür sorgten, daß er den Rest der Nacht, bis zum späten Morgen hindurch, tief und traumlos schlief.

Zur Schule braucht Frank nicht zu gehen. »Das kann niemand von dir verlangen«, meinte die Mutter. Und auch die *Gemütliche Ecke* bleibt geschlossen. Onkel Willi schläft noch seinen Rausch aus. Er wollte nicht mit. »Wenn der Junge wach wird und mich sieht... lieber nicht«, hat er gesagt.

Die Mutter und Tante Lucie nehmen Frank in die Mitte. Sie stehen auf der Plattform der Straßenbahn, die Sitzplätze sind alle besetzt. Es ist eine schweigsame Fahrt, keiner der drei sagt ein Wort. Es gibt auch nichts zu sagen.

Den Weg zur Station B7 kennen sie nun, sie müssen nicht mehr suchen. Es ist still im Krankenhaus, sie sind die einzigen Besucher. Die Mutter klopft an die Tür, der Doktor öffnet selbst.

»Wie geht es ihm?«

Doktor Fällner nimmt Mutters Arm. »Er spürt nichts mehr. Morgen wird es vorbei sein.«

»Dürfen wir ihn sehen?«

»Selbstverständlich.« Der Doktor führt die Mutter durch den Flur, Tante Lucie und Frank folgen den beiden. Frank spürt, wie ihm schlecht wird. Gleich wird er Burkie sehen, Burkie, der nichts mehr spürt... Gibt es denn so etwas, leben und nichts mehr spüren?

Burkie liegt noch in demselben Zimmer, doch er kommt Frank kleiner vor als beim letztenmal. Der Bruder atmet auch nur noch sehr schwach und unregelmäßig. Sein Gesicht ist eingefallen und sieht grau aus, gelblich grau.

»Burkie«, flüstert Frank.

»Nicht«, sagt die Mutter, aber der Arzt winkt ab: »Lassen Sie ihn nur.«

Da ruft Frank noch einmal, er ruft, als könne er den Bruder damit aufwecken: »Burkie! Burkie!« Und tatsächlich: Der Kopf bewegt sich, ganz schwach nur, aber er bewegt sich. Die Augen öffnen sich halb.

»Burkie! Ich bin's – Frank.«

»Ff...rank.« Es kommt ganz leise, wie gehaucht. Aber ein zartes Lächeln des Erkennens huscht über Burkies Gesicht.

Frank strahlt unter den Tränen. Wird Burkie vielleicht doch wieder gesund? Er sieht Dr. Fällner an. Doch der Arzt schüttelt unmerklich den Kopf. Und als Frank sich wieder dem Bruder zuwendet, ist Burkie bereits in den vorherigen Dämmerzustand zurückgefallen. Ruhig und gelöst liegt er da. So ruhig, daß Frank nun versteht, was der Doktor meinte, als er sagte, Burkie spüre nichts mehr.

Aber wo ist Burkie in Gedanken? Was sieht er? Träumt er was? Sein Gesicht sieht so friedlich aus, als sei er ganz weit fort von ihnen, eingetaucht in etwas, von dem sie nicht mal eine

Ahnung haben. Das große blaue Haus... Gibt es das wirklich?

Frank weiß nicht, wie lange er den Bruder schon so angestarrt hat, als die Mutter sich auf einmal über Burkie beugt und ihn zum Abschied erst auf die Stirn und dann noch einmal wie verzweifelt auf den Mund küßt. Auch Tante Lucie beugt sich über Burkie, küßt ihn und schlägt das Kreuz über ihn. Und als sie zurücktritt, bekreuzigt sie sich selbst.

Der Doktor gibt Frank ein Zeichen. Er soll sich verabschieden. Frank schüttelt den Kopf: Jetzt gehen? Wo er den Bruder doch nie mehr wiedersehen wird?

Der Arzt legt Frank die Hand auf die Schulter. »Verabschiede dich. Es muß sein. Du verlierst ihn ja nicht. In deinen Gedanken wird er immer bei dir sein – dein ganzes Leben lang.«

Das ist schön, was der Doktor da gesagt hat. Selbst durch den Schmerz hindurch empfindet Frank diese Worte als Trost. Und deshalb gehorcht er nun. Vorsichtig beugt er sich über Burkies Gesicht und küßt ihn auf die Stirn, wie er es von der Mutter und Tante Lucie gesehen hat. Und wie eine irre Hoffnung kommt ihm dabei der Gedanke, was wäre, wenn Burkie plötzlich die Augen aufschlagen und verkünden würde: »Es war alles nur ein Scherz. Na, da hattet ihr aber Schiß, was?«

Doch der Bruder schlägt nicht die Augen auf. Er liegt so teilnahmslos da, als gingen ihn die Tränen der drei Menschen, die er am liebsten hatte, gar nichts an.

Wieder tritt der Arzt an Frank heran: »Bedenk doch, das letzte, was er gesehen hat, war dein Gesicht. Aber jetzt mußt du wirklich gehen.«

Franks Blick sucht erst die Mutter, dann Tante Lucie. Die Tante legt den Arm um ihn. »Er wird es guthaben.«

»Gibt es das große blaue Haus wirklich?«

Tante Lucie schiebt ihn sachte zur Tür. »Natürlich!«

In der Tür wendet Frank sich noch einmal um, sieht den dünnen Körper, wie er sich unter der Bettdecke abzeichnet, das schmale Gesicht und das dunkelblonde, viel zu lange Haar. Dann dreht Tante Lucie seinen Kopf weg und führt ihn von dem Krankenzimmer fort.

Regentage

Frank liegt auf der Couch. Er kann nicht mehr weinen und an nichts mehr denken. Als Tante Lucie kommt und ihm sagt, daß er nun ins Bett müsse, es sei ja schon mitten in der Nacht, steht er einfach auf und folgt ihr. Und genauso willenlos schluckt er die Schlaftropfen. Doch als er im Bett liegt, läßt er Tante Lucies Hand nicht los. Nur nicht allein sein jetzt, nur nicht allein sein!

Irgendwann wirken die Tropfen, und er schläft ein und träumt wirres Zeug von langen weißen Krankenhausfluren, durch die Burkie und er laufen wie auf einer Flucht. Und sie flüchten ja auch, raus aus dem Krankenhaus, weg von den Erwachsenen. Aber immer wenn sie am Ende eines der Flure angelangt sind, steht ein Erwachsener da und schüttelt den Kopf. Mal ist es die Mutter, mal Tante Lucie, mal Dr. Fällner.

Der Traum wird so heftig, die Flucht durch die Gänge ein solches Gehetze, daß Frank trotz der Schlaftropfen aufwacht und in Tante Lucies besorgtes Gesicht blickt. »Hab keine Angst«, sagt sie. »Ich bleibe bei dir.« Und dann streichelt sie seine Hand, bis er wieder einschläft.

Als Frank am Morgen erwacht, braucht er einige Zeit, um zu sich zu kommen.

Burkies Bett ist leer, also ist Tante Lucie schon aufgestanden. Er zieht sich an, läuft die Treppe hinunter und klopft an die Hintertür. Er hat ja keinen Schlüssel, Tante Lucie hat ihn. Als niemand öffnet, läuft er auf die Straße, geht zum Gaststätteneingang – und bleibt wie betäubt stehen: An der heruntergelassenen Jalousie hängt ein Zettel. *Wegen Familientrauer geschlossen.*

Burkie ist tot! Nun ist es endgültig.

Frank starrt auf das Stück Papier, bis sich ein Arm um seine Schultern legt: Herr Modersohn. Der kleine Schneidermeister zieht ihn mit sich fort. »Du frühstückst heute bei uns.«

Als Frank dann in der Schneiderstube sitzt, vor den belegten Broten und der Milch, die ihm die Schneidersfrau vorsetzt, erzählt Herr Modersohn: »Der Anruf kam mitten in der Nacht. Und da sind sie gleich losgefahren, sie hatten keine Ruhe mehr.«

»Dürfen sie ihn noch einmal sehen?«

»Bestimmt.«

Frank hätte Burkie auch gerne noch einmal gesehen, aber das dürfen Kinder wohl nicht.

Er muß sich damit abfinden! Das hört Frank oft an diesem Tag. Er hört es von den Schneidersleuten, und er hört es von der Mutter und Tante Lucie, die berichten, daß Burkie ganz friedlich eingeschlafen sei, ja, daß sein Gesicht zum Schluß richtig heiter und gelöst ausgesehen hätte.

Frank weiß, er wird sich nie damit abfinden. Jeder Gegenstand, der ihm vor Augen kommt, erinnert ihn an den Bruder. Da ist die Pfanne, in der Tante Lucie gerade Rührei macht – Burkie hat in ihr Stullen geröstet. Da ist das Schuhregal, vor dem Burkie immer saß und die Schuhe putzte. Und ganz unten rechts im Regal die Fußballschuhe, die selbstgefertigten, von vielen Jungen bewunderten Töppen – sie stehen da, als warteten sie darauf, daß Burkie zurückkommt.

Frank nimmt den Schlüssel und geht hinauf in den ersten

Stock. Und dann steht er in dem Zimmer, in dem Burkie und er jeden Abend zusammen einschliefen, und ihm ist, als sähe das Zimmer ihn an. Eine panikartige Furcht überkommt ihn. Er stürzt zu den Schlaftropfen hin, die auf Burkies Nachttisch stehen, läßt drei Tropfen auf den Teelöffel fallen und schluckt sie. Er spürt den ihm schon vertrauten bitteren Geschmack auf der Zunge und legt sich ins Bett. In wenigen Minuten wird er eingeschlafen sein.

Dann ist es Montag, und Frank steht auf dem Balkon. Ein grauer Wind kommt auf, der Himmel bezieht sich mit dicken, dunklen Wolken, Papierfetzen werden aufgewirbelt. Die Leute halten ihre Hüte fest und streben eiligst nach Hause. Die ersten Blitze zucken auf, dann regnet es. Seit langer Zeit, seit vielen Wochen regnet es wieder. Dicke Blasen klatschen auf die Erde. In der Schule schauen jetzt bestimmt alle zum Fenster. Frank muß noch nicht wieder zur Schule. Wenn einem der Bruder gestorben ist, muß man nicht lernen; wenn einem der Bruder gestorben ist, darf man alles machen, dann haben die Erwachsenen für fast alles Verständnis.

Es regnet den ganzen Tag, auch als zu Abend gegessen wird. Doch niemand langt richtig zu, nur Onkel Willi hat Appetit. Frank beobachtet ihn. Solche Menschen gibt es also auch: Sie trinken zwei Tage lang Schnaps, dann ist der Fall für sie erledigt.

Die Mutter berichtet, wo sie überall gewesen ist. Sie ist den ganzen Tag herumgerannt, hat Behörden besucht, Papiere ausgefüllt, einen Sarg gekauft und einen Platz auf dem Friedhof bestellt. Auf dem Friedhof hatte sie Glück, die Stelle neben Burkies Vater ist noch frei.

Frank fragt, wo Burkie bis zur Beerdigung bleiben wird. Als er es erfährt, verschlägt es ihm den letzten Appetit: Burkie liegt in einem Keller, in einem kalten, unfreundlichen Krankenhauskeller, zusammen mit anderen Toten. Hätte man ihn denn nicht besser in seinem Zimmer gelassen? Kann er nicht dort warten, bis er geholt und eingegraben wird?

»Das Zimmer wird doch gebraucht.« Die beiden Frauen wechseln einen Blick und beginnen von etwas anderem zu sprechen. Doch Frank läßt nicht locker. Wie das denn zusammenpaßt, fragt er, das Eingegrabenwerden mit dem großen blauen Haus?

»Nur die Hülle wird beerdigt«, erwidert Tante Lucie geduldig. »Die Seele, das Wertvollste am Menschen, steigt in den Himmel auf.«

Frank ist mißtrauisch. Glaubt Tante Lucie das wirklich, oder will sie ihn nur trösten? Onkel Willi jedenfalls glaubt der Tante nicht. Er grinst ironisch. Und als Tante Lucie sagt, daß der liebe Gott die guten Menschen zuerst zu sich rufe, weil solche wie Burkie zu schade für diese Welt wären, da legt er ärgerlich das Messer beiseite. »Erzähl nicht solchen Quatsch! Da wird einem ja ganz schlecht von.« Und er geht in die Gaststube, um einen zu kippen, bevor ihm tatsächlich schlecht wird.

Tante Lucie ist beleidigt, die Mutter aber gibt Onkel Willi recht. »Wirklich, Lucie! Du solltest dem Jungen nicht so etwas erzählen.«

Da steht die Tante auf und geht in die Küche.

»Warum soll Tante Lucie mir denn so was nicht erzählen?« fragt Frank.

»Weil es nicht stimmt«, antwortet die Mutter. »Überleg

doch mal: Ist Tante Lucie kein guter Mensch? Na bitte! Und hat der liebe Gott sie zu sich gerufen?«

Frank geht auch am nächsten Tag, einem Dienstag, nicht in die Schule. Er sitzt den ganzen Vormittag nur in seinem Zimmer herum und blättert in Burkies Schulbüchern. Hotte wird kommen und sie abholen, um sie in der Schule abzugeben.

In manche Bücher hat Burkie was hineingekritzelt. Oder er hat Männern Bärte angemalt. Das ist verboten. Komisch, daß er es doch getan hat. Es paßt so gar nicht zu ihm. Oder war er vielleicht gar nicht so vernünftig wie er immer getan hat?

Auch zum Mittagessen geht Frank nicht nach unten, Burkies leerer Platz stört ihn. Tante Lucie bringt ihm den Topf mit der Kartoffelsuppe und einen extra vorgewärmten tiefen Teller nach oben. Die Mutter ist wieder mal unterwegs, sie muß Taxis bestellen und einen Kranz besorgen.

Als es klingelt, fährt Frank zusammen. Er schleicht sich auf Zehenspitzen in den Flur, schiebt den Hocker vor das Guckloch, steigt hinauf und späht hindurch: Es ist Hotte.

Frank öffnet, und Hotte tritt ein: »Ich soll die Bücher holen.«

Frank zeigt auf den Tisch.

Hotte nimmt die Bücher und blickt Frank lange an. »Übrigens – ich war gestern zum Training, bei Hertha.«

Frank will nicht heulen, die Tränen kommen ganz von allein.

Hotte beeilt sich fortzufahren: »Das Training war dufte. Burkie ... Burkie wäre ganz begeistert gewesen. So richtig mit Taktik und so, verstehste?«

Frank versteht, aber es wäre ihm lieber, Hotte würde nicht

soviel von Burkie reden. Hotte jedoch scheint es darauf angelegt zu haben. »So ein Fußballer wie Burkie werde ich nie«, sagt er leise.

»Doch!« Endlich macht Frank den Mund auf. Was hatte Burkie ihm aufgetragen? Er soll aufpassen, daß Hotte nicht die Lust verliert. »Du mußt nur mehr trainieren.«

»Meinste wirklich?«

»Ja, das hat Burkie auch immer gesagt.« Frank erinnert sich an jedes Wort des Bruders. »Du bist schnell, viel schneller als er. Und du kannst gut schießen.«

Hotte geht zur Tür. »Wenn du Lust hast, komm doch mal auf den Nordmarkplatz. Wir spielen fast jeden Tag.« Und dann zögert er und sagt: »Wenn du willst, sind wir jetzt Freunde – abgemacht?«

Frank nickt. Hotte ist zwar kein Burkie, aber ein ganz prima Hotte.

Als die Mutter wiederkommt, ist sie pitschnaß. Sie zieht die Schuhe aus und reibt sich die müden Füße. Ihre Haare hängen ihr wirr in die Stirn. Tante Lucie, die sich gerade notiert, was sie den Trauergästen vorsetzen will, bedauert sie, aber die Mutter stellt nur die Füße in eine Schüssel mit heißem Wasser und sagt: »Ich bin ganz froh, daß ich zu tun habe. Wenn ich mir vorstelle, ich müßte herumsitzen, die Hände im Schoß . . . nein, das wäre nicht zu ertragen.«

Danach bespricht sie mit Tante Lucie alle Notizen. Frank hört zu und wundert sich: Zur Beerdigung wird es fast die gleichen Gerichte geben wie zu Mutters Hochzeit. Und überhaupt: Muß eine Beerdigung denn gefeiert werden?

»Wie viele Trauergäste werden es denn sein?« fragt die Mutter.

»Siebenundvierzig.« Tante Lucie hat alles genau ausgerechnet.

»So viele?« staunt die Mutter. Aber dann sagt sie, und es liegt Stolz in ihrer Stimme, obwohl sie dabei fast weinen muß: »Ist schon richtig, Burkie war ja immer... sehr beliebt.«

Frank möchte auch mit zur Beerdigung. Doch die Mutter und Tante Lucie erklären, das käme gar nicht in Frage, dafür wäre er noch zu klein. Und ehe Frank weiter auf die Frauen einreden kann, kommt Onkel Willi, lehnt sich an den Kühlschrank und druckst herum.

Die Mutter ahnt was. »Hast du etwa deine Skatbrüder für heute eingeladen?«

Onkel Willi hat. Und er meint, das Leben ginge weiter; davon daß der Skatabend ausfiele, würde Burkie ja auch nicht wieder lebendig.

»Meinetwegen«, sagt die Mutter. »Aber erwarte nicht, daß ich euch auch noch bediene, das mußt du schon selber tun.«

Über Onkel Willis Gesicht breitet sich Zufriedenheit aus. Er fühlt sich nicht ganz wohl in seiner Haut, doch er geht beschwingt in die Gaststätte zurück, um alles vorzubereiten.

Das gehört dazu

Der Regen hat nachgelassen. Fein und gleichförmig benetzt er die glänzende, wie ausgewaschene Straße. »Ein richtiger Friedhofstag«, sagt Tante Lucie.

Obwohl er an der Beerdigung nicht teilnehmen darf, hat man Frank herausgeputzt; er trägt die dunkelsten Kleider, die er besitzt. Aber er ist nicht der einzige, der so herumläuft. Alle Trauergäste sind dunkel gekleidet, all die Verwandten und Bekannten, die seit dem frühen Morgen die Gaststube füllen. Es ist eine richtige dunkle Schar, und es sind Leute darunter, von denen Frank glaubt, daß er sie noch nie zuvor gesehen hat. Doch wenn er ihnen guten Tag sagt, schlagen sie die Hände über dem Kopf zusammen und staunen, wie groß er geworden ist.

An normalen Tagen wäre Frank stolz, ein so großer, von allen bewunderter Junge zu sein; heute befremdet ihn das. Alle diese Leute, die ihn da bestaunen, prahlen ja auch, wie gut sie Burkie gekannt hätten und was für ein feiner Kerl er gewesen wäre. Von den meisten aber kennt er nicht einmal die Namen. Wenn sie Burkie so über alles schätzten, warum haben sie ihn nicht besucht, als er noch am Leben war?

Frank sucht die Gesichter ab, sucht jemanden, der sich gleich ihm unwohl fühlt in dieser Gesellschaft, und findet einen: Herrn Modersohn. In einem viel zu engen und viel zu kurzen schwarzen Anzug kommt der kleine Schneidermeister auf ihn zu und macht ein verschmitztes Gesicht. »Da lachst du, was? Ein Schneidermeister in einem Anzug, der nicht paßt, ist keine Reklame fürs Geschäft.«

Frank antwortet nichts, wagt auch nicht zu lächeln.

Draußen fahren die Taxis vor, eins nach dem anderen. Die Trauergäste setzen sich in Bewegung, und Frank und Herr Modersohn gehen mit auf die Straße hinaus und stellen sich dicht an die Hauswand, um sich vor dem leichten Nieselregen zu schützen und die Abfahrt der Taxis beobachten zu können. Ganz zuletzt kommen Mutter und Tante Lucie mit Onkel Willi. »Nicht wahr, Herr Modersohn«, bittet die Mutter den Schneidermeister, »Sie haben ein Auge auf Frank.«

Herr Modersohn nickt, und Frank, der die Schlüssel in die Hand gedrückt bekommt, sieht den kleinen Mann erstaunt an. »Gehen Sie nicht mit?«

Herr Modersohn wartet mit der Antwort, bis sie allein sind. Dann sagt er: »Das mußt du verstehen – ich kann es nicht ertragen. Es ist alles so... so unecht. Wachsblumen, Papier, Reden aus dem Buch – für Tote gibt's nur Totes.«

Frank denkt an die lange Zeit, die der Schneidermeister im Keller zubrachte, das war ja auch fast wie tot sein, und zum erstenmal wagt er es, Herrn Modersohn danach zu fragen.

Herr Modersohn schließt für kurze Zeit die Augen. »Ja, es war schlimm, aber es war auszuhalten. Ein Mensch kann unheimlich viel aushalten.« Und nach einer kurzen Pause fügt er hinzu: »Du auch. Da bin ich mir ganz sicher.«

Frank fragt nichts mehr, sieht nur den abfahrenden Taxis nach und geht dann trotz Herrn Modersohns Bitte, doch mit ihm zu kommen, in den ersten Stock hinauf und legt sich auf Burkies Bett.

Wenn Tante Lucie recht hat und Burkies Seele noch lebt, sieht sie dann jetzt der Beerdigung zu, oder schwebt sie hier durch die Gegend? Der Gedanke läßt ihm keine Ruhe. Er bekommt eine Gänsehaut, steht auf, geht auf den Balkon und schaut zum Himmel hoch. Er ist grau, weit und breit nichts als grau. Man müßte wissen, was hinter dem Himmel ist, und dahinter. Ja, und auch dahinter und immer weiter, irgendwo muß doch Schluß sein.

Gisela kommt die Straße entlang, bleibt unter dem Balkon stehen und blickt neugierig zu Frank hoch. »Gehste nicht mit zur Beerdigung?«

Frank schüttelt stumm den Kopf. Und als Gisela nicht weitergeht, sondern nur immerfort zu ihm hochschaut, als gäbe es irgendwas Besonderes an ihm zu sehen, fragt er sie nach Hotte, obwohl er die Antwort schon kennt: Hotte, Burkies Klasse und der gesamte SC Nordring sind mit der Straßenbahn zum Friedhof gefahren. Er hat sie einsteigen sehen. Herr Kroll war auch dabei. Und auch Moni.

Gisela erzählt, daß Hotte zur Beerdigung ein ganz neues Hemd bekommen hat, weil seine anderen Hemden nicht mehr gut genug waren, und fragt Frank danach, ob er keine Lust hat runterzukommen. Frank schüttelt wieder nur den Kopf. Und damit er Gisela endlich los wird, geht er ins Zimmer zurück und legt sich wieder hin.

Als die Taxis zurück sind, sitzen die Trauergäste in der Gaststube und unterhalten sich flüsternd. »Eine schöne Beerdigung«, sagen sie. »Der Pfarrer hat so schön gesprochen.« Und: »Die arme Lisa! Erst die beiden Männer – jetzt der Junge.« Und wenn Frank vorbeikommt, halten sie ihn fest und bitten ihn: »Sei nur immer schön brav und mach deiner Mutter keine Sorgen. Du bist doch nun ihr ein und alles.«

Es wird gegessen und getrunken. Die Mutter nannte es vorhin ärgerlich den »Leichenschmaus«. Ein schreckliches Wort, findet Frank. Und ein schrecklicher Brauch. Essen aus Trauer? Das soll verstehen, wer will. Er jedenfalls ißt nichts, und Mutter und Tante Lucie tun nur so, wegen der Gäste. Und Onkel Willi weicht nicht von der Theke, kippt einen Klaren nach dem anderen.

Frank geht in die Küche und sieht Tante Lucie zu. Sie lächelt aufmunternd. »Bald haben wir es geschafft. Es ist nicht schön, aber es gehört dazu.«

Morsezeichen

Tante Lucie steht vor Franks Bett. Sie ist fertig angezogen und verabschiedet sich: »Ich komm euch bald mal wieder besuchen.«

Daß Tante Lucie nun auch noch gehen muß? Und schon so früh am Morgen? Frank hat keine Ruhe mehr. Er steht auf, geht ins Bad und macht sich fertig. Dann nimmt er die Schlüssel und steigt die Treppe hinab, um durch den Hintereingang in die Gaststätte zu gelangen.

Die Mutter öffnet gerade das Lokal, Onkel Willi ist im Keller beschäftigt. Frank betritt das Hinterzimmer – und bleibt wie erstarrt stehen: Auf dem Tisch liegen Burkies Kleider, das Hemd, die Hose und die Jacke, die er anhatte, als die Mutter ihn ins Krankenhaus brachte. Und daneben liegt der Fußball, der neue gelbe, noch ganz glatte Fußball, über den der Bruder sich so gefreut hatte.

Frank bekommt nur noch mit, wie ihm der Fußboden entgleitet, dann spürt er nichts mehr. Als er wieder zu sich kommt, liegt er im Bett und weiß nicht, ob er alles nur geträumt hat. Die Mutter sitzt bei ihm, sieht ihn besorgt an und sagt, daß er ohnmächtig geworden sei. »Ich wußte doch nicht, daß du so früh runterkommst«, entschuldigt sie sich. »Sonst hätte ich die Sachen längst fortgeräumt.«

»Wo kommen sie denn auf einmal her?«

»Onkel Willi hat sie geholt.«

Frank legt den Kopf zurück. Burkies Kleider! Das ist, als wäre er nun doch noch aus dem Krankenhaus zurückgekommen. »Den Ball!« bittet er leise. »Ich will den Fußball.«

Die Mutter steht auf und holt ihm den Ball. Frank schiebt ihn unter seine Bettdecke und guckt die Mutter ernst an.

Die Mutter versucht zu lächeln. Und dann redet sie mit Frank, spricht zu ihm wie zu einem Erwachsenen. Sie müsse sich nun sehr auf ihn verlassen können, sagt sie. Früher habe sich Burkie viel um ihn gekümmert, sie jedoch habe keine Zeit, den ganzen Tag neben ihm zu stehen. Doch nun sei er ja schon groß.

»Warum durfte ich dann nicht mit auf den Friedhof?«

An einer Beerdigung sei doch nichts Schönes, antwortet die Mutter. Außerdem habe er in den letzten Tagen genug Trauriges mitgemacht. Auf Franks Bitte hin aber erzählt sie ihm, wie es auf dem Friedhof zugegangen war. Und Frank sieht wieder einmal alles vor sich: die kleine Kapelle, in der der Bruder aufgebahrt lag, die vielen Jungen, die um den Sarg herumstanden, die Grube und den leichten Nieselregen, der über allem lag.

Als die Mutter nichts mehr zu erzählen weiß, deckt sie ihn bis unters Kinn zu und bittet ihn, heute einmal im Bett zu bleiben. Es sei sehr erholsam, einmal einen ganzen Tag lang nur im Bett zu liegen und zu schlafen und zwischendurch nichts weiter zu tun, als ein bißchen zu lesen. Wenn sie könnte, würde sie gern mit ihm tauschen.

Frank nickt und bleibt, als die Mutter gegangen ist, auch wirklich liegen, obwohl ihm die Stille in der kleinen Wohnung eher unheimlich als beruhigend erscheint. Nur die Geräusche von der Straße her durchbrechen sie – das Aufspritzen des Pfützenwassers, wenn ein Auto hindurchfährt, und das fortwährende, gleichförmige Klopfen des Regens aufs Fensterblech. Er versucht noch einmal, sich die Beerdigung auszumalen, den Regen und die Gesichter der Leute, die gesagt haben sollen, der Himmel weine dazu. Er kennt den Friedhof ja, geht oft mit der Mutter mit, wenn sie Burkies Vater besucht, doch so richtig gelingt ihm das nun nicht mehr.

Das Klopfen auf dem Fensterblech wird immer stärker und geht schließlich in ein lautes Prasseln über. Frank steht auf, öffnet die Balkontür und schaut in den strömenden Regen hinaus. Es gießt nun wie aus Schläuchen. Und es pladdert dermaßen auf den Balkonfußboden nieder, daß der Abfluß Mühe hat, all die Wassermassen aufzunehmen.

Er bekommt Lust auf diesen Regen. Wie in einem See muß es sein, wenn er in ihm badet. Rasch zieht er sich aus, stellt sich auf den Balkon und hält das Gesicht in den Regen, der nun auf ihn herunterrauscht, als stünde er unter einer Dusche.

Er steht lange so da, regungslos und ohne irgendwas zu denken. Erst als er ins Bad geht, um sich abzutrocknen, erinnert er sich daran, daß er schon einmal so im Regen gestanden hat, zusammen mit Peter Hammerstein, und daß dann Burkie kam und mit ihm schimpfte, weil er sich dabei verkühlt haben könnte.

Heute hat er sich bestimmt verkühlt; er weiß das, denn er zittert ja jetzt schon. Aber das macht ihm nichts aus. Es war schön im Regen. Schon lange hat er sich nicht mehr so gespürt.

Am Morgen darauf hat Frank tatsächlich Fieber. Ihm ist so heiß und trocken zumute, daß er immerzu trinken möchte.

Die Mutter seufzt. »Mir bleibt auch wirklich nichts erspart.« Sie gibt ihm Medizin zu schlucken und befiehlt ihm, weiter im Bett zu bleiben.

Frank wüßte auch nicht, was er sonst tun sollte. Zur Schule zu gehen hat er noch immer keine Lust, und auf die Straße will er auch nicht; er möchte niemanden sehen. Da er aber auch nicht mehr schlafen kann, versucht er zu lesen. Doch auch das geht nicht, er kann sich nicht konzentrieren. Und dann wird es ihm plötzlich heiß im Bett, unerträglich heiß. Ob das von der Medizin kommt? Er streckt erst ein Bein unter der Decke hervor, dann das zweite, schließlich wirft er die Decke ganz von sich und geht ins Bad, um sich frisch zu machen.

Im Bad hängt Burkies blau-weiß gestreifter Bademantel, sein Heiligtum, der »Hertha-Mantel«. Nie durfte Frank ihn auch nur berühren. Jetzt zieht er ihn an und geht mit ihm auf den Balkon.

Die Sonne bemüht sich, durch zwei Wolkenwände hindurchzuschielen. Es sieht fast so aus, als richte sich der Strahl einer riesigen Taschenlampe auf den Balkon. Gibt Burkie Signale?

Frank lehnt sich an die Wand, schließt die Augen und träumt: Burkie sitzt auf den Wolken und läßt die Beine baumeln. In der Hand hält er eine große Taschenlampe, die er immer wieder aufleuchten läßt, mal kurz, mal lang. Morsen heißt das. Burkie und Hotte haben es im Winter geübt. Wenn es dunkel war, hielten sie die Lampen aus den Fenstern und morsten quer über den Hof. Frank kennt keine Morsezeichen, doch er weiß, was der Bruder ihm ausrichten will: »Komm auf den Friedhof! Komm auf den Friedhof!«

Er öffnet die Augen. Natürlich! Auf den Friedhof muß er, da ist Burkie ja jetzt. Und er kennt auch den Weg: Mit der 72 bis eine Station vor dem Weißenseer See. An der Haltestelle ist ein Kaufhaus... Rasch zieht er sich an und läuft aus der Wohnung – der Mutter, die gerade wieder nach ihm sehen will, direkt in die Arme.

»Wo willst du denn hin? Geht's dir besser?«

»Ja«, sagt Frank und will vorbeisausen, doch die Mutter hält ihn fest. »Bevor ich dein Fieber nicht gemessen habe und du nichts gegessen hast, gehst du mir nicht auf die Straße.«

Das Fieber ist nicht gesunken, es ist noch weiter gestiegen: 39,7! Frank muß essen und sich anschließend im Hinterzimmer auf die Couch legen. Nicht lange, und die Couch verwandelt sich in eine Wiese: Er liegt auf dem Nordmarkplatz, mitten in dem hohen, wilden Gras. Burkie kommt auf ihn zu und macht ein strenges Gesicht. »Warum bist du nicht auf dem Friedhof?«

Frank will schon antworten, da legt der Bruder einen Finger vor den Mund: »Nicht sprechen!« Und dann sieht er Frank traurig an und sagt: »Komm auf den Friedhof. Ich warte auf dich.«

Frank muß schwören. Er will erst nicht, aber dann streckt er doch drei Finger in die Luft und gibt Burkie sein großes chinesisches Paprikaschoten-Ehrenwort, gleich zu kommen.

Burkhard ist zufrieden. Er steckt sich einen Grashalm in den Mund und geht langsam davon.

Als Frank erwacht, ist er schon wieder völlig durchgeschwitzt und muß auf die Toilette. Im Flur hört er die Mutter mit Onkel Willi reden. Sie sind in der Küche. Die Mutter macht sich Sorgen, führt sein Fieber auf Burkies Tod zurück. Onkel Willi will davon nichts wissen. »Du machst dir viel zuviel Gedanken«, sagt er. »In einem halben Jahr hat er ihn vergessen. Er ist doch noch ein kleiner Knirps.«

Frank beeilt sich und läuft zurück ins Wohnzimmer. Er muß die Zeit nutzen, in der die beiden in der Küche sind. Hastig zieht er seine Schuhe an und öffnet die Tür zur Gaststube.

Es sind nur wenige Gäste da, die Mutter und Onkel Willi sind noch nicht zurück.

Frank grüßt freundlich und geht an die Kasse, als hätte er den Auftrag, Geld aus der Kasse zu nehmen. Er braucht Fahrgeld für die Straßenbahn. Als er hat, was er benötigt, läuft er auf die Straße hinaus.

Von den Wolken ist kein Fussel mehr zu sehen, die Straßenbahn fährt durch einen glitzernd klaren Tag. Doch sie braucht wieder mal sehr lange, und an der Station, an der die Mutter und Frank immer ausstiegen, wenn sie zu Burkie ins Krankenhaus wollten, steht sie wie angewachsen. Frank muß an den Tag denken, an dem die Mutter und er Burkie zum letztenmal besuchten. Wie lange ist das nun schon her? Nur eine Woche – oder schon einen ganzen Monat? Ihm ist, als wäre seither sehr viel mehr Zeit vergangen.

Endlich das Kaufhaus an der Ecke! Frank steigt aus und geht an dem Blumenladen vorüber, in dem die Mutter immer die Blumen für Burkies Vater gekauft hat.

Hätte er nicht auch Geld für Blumen mitnehmen müssen? Darf man denn ein Grab besuchen, ohne Blumen mitzubringen? Unsicher schaut Frank sich um.

Auf der linken Straßenseite sind Gärten, dort stehen auch Blumen; sogar wunderschöne Blumen, rote, gelbe und violette. Aber die Gärten sind umzäunt, da kommt er nicht heran.

Das schmiedeeiserne Friedhofstor. Frank bleibt stehen. Ein

seltsames Gefühl beschleicht ihn, Angst steckt darin, Respekt und irgend etwas Großes, Geheimnisvolles. Nur langsam geht er weiter, den Weg, den er schon so oft mit seiner Mutter gegangen ist, weshalb ihm all die fremden Namen auf den Grabsteinen links und rechts des Weges so vertraut sind. Auch Kinder sind darunter. Eines ist dabei, das wurde nur ein halbes Jahr alt. Es heißt Knut. Würde Knut noch leben, wäre er jetzt schon erwachsen...

Das Grab von Burkies Vater! Und daneben ein hohes, neues Grab mit vielen Kränzen und noch ohne Grabstein – Burkies Grab.

Frank wird noch langsamer, aber er geht weiter. Und dann steht er vor dem hohen Grab mit den vielen Kränzen und Blumen und weiß nicht, was er tun soll. Zögernd schaut er zum Nachbargrab hin, das er besser kennt, weil die Mutter und er dort schon so oft Unkraut gejätet haben.

Hier ruht unvergessen
Georg Scholz
1903–1938

steht da auf dem Holzkreuz zwischen den beiden Buchsbäumen. Burkies Vater. Das Holzkreuz war sein Wunsch.

Burkie wird kein Holzkreuz, er wird eines aus Stein erhalten.

Hier ruht unvergessen
unser lieber Junge
Burkhard
1936–1950

wird draufstehen. Mehr nicht. Kein Nachname. Tante Lucie hätte zwar lieber gesehen »Hier ruht in Gott...«, aber die Mutter hatte sich durchgesetzt, wie damals bei ihrem ersten Mann. »Unvergessen ist schöner«, hat sie gesagt.

Es fällt Frank schwer, sich vorzustellen, daß der Bruder unter diesem Haufen Kränze begraben sein soll. Aber noch zweifelhafter erscheint es ihm, eines Tages selbst auf einem Friedhof begraben zu werden. Wie alt wird er dann sein? Dreißig? Oder sechzig? Wird man ihn als Opa beerdigen oder bevor er überhaupt ein Mann geworden ist – wie Burkie? Und wenn er im Krieg fällt, wie sein Vater? Dann wird er gar kein Grab bekommen. Oder besser: Er wird eins bekommen, aber niemand wird wissen, wo es ist.

Auf einem der Kränze steht *Dein Bruder Frank.* Den Kranz hatte er gesehen, er lag auf dem Tisch neben dem Ofen...

Ob Burkie weiß, daß er hier ist? Frank hebt den Kopf und sieht zum Himmel auf.

Burkie hatte von einem großen blauen Haus gesprochen, und Tante Lucie hat gesagt, das gebe es wirklich. Vorhin, das mit den Morsezeichen und Burkies Besuch auf dem Nordmarkplatz, das war nur ein Traum, aber wenigstens hatte er Burkie wiedergesehen... Frank schließt die Augen und versucht, sich Burkies Gesicht in Erinnerung zu rufen. Er sieht auch einen Jungenkopf – aber der Junge ist nicht Burkie. Er versucht es noch einmal – und wieder sieht er ein fremdes Gesicht. Erschrocken öffnet er die Augen. Also hatte Onkel Willi recht gehabt, er hat Burkie bereits vergessen, kann sich nicht einmal mehr an sein Gesicht erinnern! Und dabei hatte Dr. Fällner doch gesagt, daß er Burkie nie vergessen wird...

Was ist er nur für ein Bruder? Nicht mal ein paar Tage sind vergangen, und schon hat er Burkies Gesicht vergessen. Und Blumen hat er ihm auch keine mitgebracht.

Blumen! Er hat doch welche gesehen, rote, gelbe, violette; er wird Blumen holen, wird einfach über den Zaun steigen. Hastig läuft Frank durch die Grabreihen. »Auf dem Friedhof wird nicht gerannt«, schimpft eine alte Frau – doch Frank hört nicht, läuft durch das schmiedeeiserne Tor hindurch, über die Straße und in den Mittelweg der Kleingartenanlage hinein.

Blumen! Überall blühen Blumen. Und sie sind viel schöner als die im Blumenladen. Frank schaut sich um, erklimmt einen Zaun, steigt darüber hinweg und steht auch schon mitten in einem Blumenbeet. Rasch bricht er Blume um Blume, beeilt sich so sehr, daß er nicht einmal erkennt, welche Blumen er pflückt. Auf einmal aber erstarrt er mitten in der Bewegung – er hat Schritte gehört, leise Schritte. Jemand schleicht sich von hinten an ihn heran. Er will herumfahren, doch der Jemand, der sich ihm genähert hat, ist schneller. »Hab ich dich!« sagt eine Baßstimme, und eine riesige Hand packt seinen Hals.

Frank will schreien, um Hilfe rufen, doch er bekommt kein Wort heraus. Und der Griff des Mannes ist so fest und eisenhart, daß er nur mit Mühe seinen Kopf herumdrehen kann.

Der Mann, der ihn gepackt hat, ist wirklich ein Riese. Er trägt einen gewaltigen braunen Schnurrbart im Gesicht und riecht nach Bier.

»Du Dieb!« sagt der Riese. »Endlich hab ich dich mal erwischt.«

Am allerwenigsten du

Die Mutter schimpft und fragt wieder mal, was sie denn noch alles mitmachen muß. Wo sie Frank doch extra gegeben hatte, vernünftig zu sein! Dann aber legt sie ihn ins Bett, sagt Onkel Willi, daß er heute auf seinen Nachmittagsschlaf verzichten muß, und bleibt bei Frank.

Frank genießt es, die Mutter bei sich zu haben. Er nimmt die Medizin, die sie ihm reicht, und guckt sie lange an.

Die Mutter schüttelt den Kopf: »Wie konntest du nur so was machen? Einfach allein zum Friedhof fahren! Und dann auch noch Blumen stehlen!«

Frank denkt an den Riesen, der, als er erfuhr, daß er gar nicht der Dieb war, der ihm schon seit Wochen seine Blumen stahl, gleich ein bißchen freundlicher zu ihm wurde. Und der dann, als er merkte, daß er Fieber hatte, einen richtigen Schreck bekam und die Polizei anrief. Und auch die Polizisten waren nett. Sie fragten nicht erst lange nach den gestohlenen Blumen, sondern fuhren ihn gleich im Polizeiauto nach Hause.

»Denkst du denn, ich wäre nicht mit dir zum Friedhof gefahren?« fragt die Mutter. »Morgen oder übermorgen wäre ich mit dir hingefahren. Das hatte ich mir fest vorgenommen.«

»Aber Burkie hat gesagt, ich soll gleich kommen.«

»Burkie? Wann... wann hat er das gesagt?«

»Heute morgen in meinem Traum.« Frank kommen die Tränen. Er weiß gar nicht, warum er jetzt heulen muß, aber er kommt nicht darum herum – die Tränen müssen nun einfach raus.

»Nicht!« bittet die Mutter. »Du hast vierzig Grad Fieber. Du bist krank. Du darfst nicht weinen. Schlaf jetzt. Morgen früh unterhalten wir uns über alles. Und wenn es dir bessergeht, fahre ich mir dir zum Friedhof. Das verspreche ich dir.«

Frank kann tatsächlich bald einschlafen, schläft den ganzen Nachmittag und die ganze Nacht hindurch, wird nur am Abend mal kurz wach, um etwas heiße Hühnerbrühe und neue Medizin zu sich zu nehmen. Am Morgen darauf geht es ihm dann wirklich besser, das Fieber ist gesunken, und sein Kopf ist wieder klar. Und die Mutter denkt an ihr Versprechen: Sie legt ihm warme Sachen und einen dicken Pullover von Burkie raus und fährt mit ihm im Taxi zum Friedhof. Vor dem Blumenladen läßt sie den Fahrer halten, und Frank darf ein paar Blumen aussuchen. Dann geht die Fahrt weiter, bis sie vor dem Friedhofstor angelangt sind. Dort bittet die Mutter den Taxifahrer zu warten und geht zusammen mit Frank durch die Grabreihen, bis er wieder vor Burkies Grab steht. Es hat sich nicht verändert, alles sieht noch genauso aus wie tags zuvor, dennoch erscheint es Frank nun irgendwie anders. Vielleicht weil jetzt die Mutter mit dabei ist?

»Komm!« sagt die Mutter. »Machen wir ein bißchen Ordnung.« Und dann sammeln sie alle nicht mehr schönen Kränze und Wachsblumen ein und werfen sie auf den Abfallhaufen am Weg. Danach besorgt die Mutter aus der Friedhofsgärtnerei eine spitze Blumenvase und schickt Frank damit zum Wasserholen. Als er zurückkommt, drückt sie die Vase mit der Spitze in den bloßen Erdhaufen und sortiert die Blumen ein.

»So!« sagt sie. »Das gefällt mir besser.«

Frank nimmt ihre Hand. »Ob Burkie uns jetzt sehen kann?« fragt er leise.

Die Mutter wird sehr ernst: »Ich glaube es nicht, aber es gibt Menschen, die glauben daran.«

»Tante Lucie?«

»Ja, auch Tante Lucie. Wer daran glaubt, hat's leichter, weißt du.«

Frank überlegt, dann fragt er: »Also werde ich Burkie niemals wiedersehen?«

Die Mutter zögert, aber dann sagt sie doch: »Nein. Du wirst ihn nicht wiedersehen. Aber in deiner Erinnerung wird er leben bleiben. Das hat doch auch Dr. Fällner gesagt. Erinnerst du dich?«

Ja, Frank erinnert sich. Doch es stimmt ja nicht. Er hat nun schon so oft versucht, sich Burkies Gesicht vorzustellen, es ist ihm nicht gelungen. Und er kann sich denken, warum das so ist – weil er schuld an Burkies Tod ist! Wenn er der Mutter gleich die Wahrheit gesagt hätte, würde Burkie noch leben.

»Woran denkst du?« Die Mutter hebt Franks Kinn etwas an, um ihm besser in die Augen blicken zu können.

Frank guckt die Mutter an, sieht ihren bittenden Blick und hat auf einmal viel Vertrauen zu ihr. »Bin ich schuld daran, daß Burkie gestorben ist?«

Die Mutter erschrickt. »Wie kommst du denn auf so was?« Aber dann erinnert sie sich daran, wie sie Frank vorwarf, schuld daran zu sein, falls Burkie nicht wieder gesund werden sollte, und wird ganz verlegen. »Du hast keine Schuld. Es war unbedacht von mir, dir das vorzuwerfen. Da habe ich vor lauter Angst um Burkie wohl vergessen, daß du erst sieben bist.« Sie denkt nach und sagt dann noch einmal: »Niemand hat schuld. Und wenn doch, dann wir alle zusammen – ich mit meinem Gerede, Burkie mit seiner Sturheit, das schlechte Essen in der Schule, der dumme Zufall, der den Ball lenkte... Aber am allerwenigsten du.«

Was die Mutter sagt, ist ein Trost, wenn auch nur ein ganz kleiner. Frank ist ihr dankbar dafür – den ganzen Nachhauseweg über, den ganzen Abend und die ganze Nacht, in der er traumlos und tief schläft. Als er aber am nächsten Morgen aufwacht, sind die Gedanken wieder da und auch das Schuldgefühl. Und da weiß er, daß ihm niemand diese Gedanken abnehmen kann, daß er dieses Gefühl von nun an immer haben wird und daß er damit leben muß.

Burkies Keule

Es sind Ferien, große Ferien. Wochen, ja Monate zuvor schon hat Frank sich auf diese Zeit gefreut, jetzt, ohne den großen Bruder, sind die Ferien nur langweilig. Zwar ist da Hotte, der ihn immer wieder fragt, warum er denn nicht mal zum Fußballspielen auf den Nordmarkplatz kommt, aber das ist auch alles, von Gisela und ihrer Puppenstube abgesehen. Hotte weiß nicht, daß Frank schon einmal bei einem Spiel zusah. Er lag im Gras, niemand hat ihn gesehen, doch er hat sich nicht getraut, aufzustehen und auf die Jungen zuzugehen. Sind alle viel größer als er.

Während er das denkt, sitzt Frank in der Küche und putzt Schuhe. Er putzt auch Buffkes Botten – der Mutter zuliebe. Es ist nun ein seltsames Verhältnis zwischen der Mutter und Onkel Willi. Sie arbeiten zusammen wie zwei Kollegen, ein tüchtiger und ein fauler; Onkel Willi nennt es »wie vernünftige Menschen zusammenleben«. Eine Zeitlang bemühte er sich auch, seine Schläfchen wurden kürzer, jetzt werden sie wieder länger, von Tag zu Tag. Die Mutter schickt sich drein, sagt, sie wird ihn ja doch nicht los, läßt Onkel Willi machen, was er will – bis zu einer gewissen Grenze. Die Grenze ist er, Frank.

Zum Mittag macht die Mutter Eierpfannkuchen. Frank sieht zu. »Warum gehst du nicht raus?« fragt sie. Und als keine Antwort kommt, sagt sie: »Oder lies ein Buch. Wenn du übst, bekommst du nächstes Jahr vielleich eine Zwei.«

»Eine Eins«, verbessert Frank. Er will keine Zwei, er will eine Eins – wie Burkie. Und er übt auch. Er liest jeden Abend zwei, drei, manchmal sogar vier Stunden. Es merkt ja keiner, er ist allein in seinem Zimmer.

Die Mutter und Frank essen gemeinsam. Onkel Willi wird anschließend essen und dann sein Mittagsschläfchen halten.

»Was machen wir denn nun mit Burkies Anzug?« fragt die Mutter. »Er liegt noch bei Herrn Modersohn. Bis er dir paßt, ist er unmodern.«

Frank weiß eine Antwort: Hotte. Die Mutter soll Hotte den Anzug geben, Hotte hat ihn verdient.

Die Mutter ist einverstanden und schickt Frank gleich nach dem Essen zu Wilkes. Er soll Hotte ausrichten, daß er sich den Anzug bei Herrn Modersohn abholen kann. Auf Franks Klingeln hin öffnet Gisela. Erst freut sie sich, aber dann ist sie enttäuscht, daß er nicht zu ihr und ihrer Puppenstube will, sondern nur zum Bruder.

Hotte, der gerade mit allerlei Drähten und Ohrmuscheln zugange ist, geniert sich ein bißchen. Aber dann strahlt er: »Prima, dann habe ich zwei Anzüge! Als Lehrling kann ich das brauchen.«

Frank fragt Hotte, was er da bastelt, und Hotte erklärt es ihm. Es soll eine Art Telefon werden, mit Kopfhörer, Mikrophon und allem Drum und Dran.

»Und mit wem telefonierste?«

Hotte pfeift leise vor sich hin. Er überlegt. »Hab noch keinen Partner. Wie wär's mit dir?«

Frank glaubt, sich verhört zu haben: Er – Hottes Partner?

»Warum nicht? Du mußt nur die Kopfhörer aufsetzen und das Mikrophon in die Hand nehmen. Alles andere mach ich.« Hotte grinst. »Hallo – hallo wirste doch sagen können.«

Na und ob! Frank ist begeistert und läßt sich das Telefon

gleich erklären. Hotte freut sich über Franks Interesse und wiederholt alles so lange, bis er es halbwegs versteht.

»Und wie wandert die Stimme durch den Draht?«

»Durch Schwingungen«, erklärt Hotte. Aber das ist Frank noch zu hoch, deshalb fragt er nicht weiter, sondern schaut nur noch zu, wie Hotte seine Werkstatt aufräumt. Hotte will zum Nordmarkplatz, Fußball spielen, und er fragt Frank auch wieder, ob er denn nicht mal hinkommt, um mitzuspielen. Und diesmal sagt Frank zu. Er will hinkommen. Und er meint das ernst.

Burkies Nordring-Trikot ist Frank noch ein wenig zu groß, aber wenn er die Ärmel hochkrempelt, geht es. Auch die Hose kann er passend machen. Er zieht einfach am Gummiband und macht einen zweiten Knoten hinein. Jetzt die Stutzen. Wenn er sie zweimal umschlägt, passen sie. Die Schuhe – zu groß. Er stopft Papier hinein, doch sie sitzen immer noch zu locker, bei einem Schußversuch fliegt der rechte Schuh davon.

Frank nimmt die Fußballschuhe in die Hand und denkt an den Tag, an dem Burkie die Gummistollen unter die Sohlen nagelte. Es war ein Herbsttag. Draußen war es dunkel. Der Bruder nagelte und nagelte und erzählte ihm dabei die Geschichte von Strohhalm, Kohle und Bohne. Frank sieht Burkhard vor sich, sieht, wie er sich über den Schuh beugt und ihm die Haare in die Stirn fallen, und er hört, wie der Bruder die Stimmen von Strohhalm, Kohle und Bohne nachmacht. Es ist auf einmal ganz leicht, Burkies Gesicht hervorzuzaubern. Er braucht es sich nur zu wünschen, und schon sieht er den Bruder vor sich – beim Schuheputzen, beim

Stullenbrutzeln, beim Fußballspielen. Er kann sein Gedächtnis anknipsen wie einen Lichtschalter. Also hat er Burkie doch nicht vergessen! Dr. Fällner und die Mutter hatten recht: In seiner Erinnerung wird der Bruder immer bei ihm bleiben.

Frank stellt die Fußballschuhe weg und zieht seine Straßenschuhe an. Eines Tages werden ihm Burkies Schuhe passen. Dann schnappt er sich den neuen, gelben Lederball und späht ins Treppenhaus hinab. Es ist niemand zu sehen. Leise schließt er die Tür und läuft vorsichtig die Treppe hinunter. Nur nicht von Mutter gesehen werden!

Und auch auf der Straße muß er aufpassen. Er macht einen weiten Bogen um die offene Ladentür. Einige Passanten lachen. Der Junge in dem viel zu großen Fußballdreß sieht lustig aus. Die Frank kennen, lachen nicht.

Das Gras auf dem Nordmarkplatz ist gelb geworden. Es neigt sich zur Erde nieder. Die heißen Tage und der heftige Regen haben es müde gemacht. Dort, wo kein Gras wächst, wird Fußball gespielt. Es sind sieben Jungen, die den Ball vor sich herjagen. Hotte ist dabei und auch der dicke Fritze. Als sie Frank kommen sehen, unterbrechen sie ihr Spiel. »Was is'n das für'n Ball?« staunt der dicke Fritze. »Der sieht ja aus wie frisch lackiert.«

»Der ist aus'm Westen«, sagt Frank. Und dann: »Er gehört Burkie... aber... er hat noch nicht damit gespielt.«

Die Jungen nicken betreten, und Hotte sagt: »Gut, daß du gekommen bist! Jetzt können wir vier gegen vier spielen. Geh ins Tor, Frankie.«

Frank schüttelt den Kopf. Er will nicht ins Tor, er will Rechtsaußen spielen – wie Burkie. Und das sagt er auch.

Die Jungen sehen sich an, und Hotte wedelt mit der Hand. Das soll heißen: »Na, los! Lassen wir ihn Rechtsaußen spielen.« Und Fritze sagt: »Okay! Dann zeig mal, was du kannst.«

Frank kann nicht viel, die Jungen merken es bald. Aber er ist eifrig, kämpft verbissen, sein Kopf glüht, und einmal schießt er beinahe ein Tor. Keiner der Jungen schimpft, wenn er den Ball verliert. Im Gegenteil, sie spielen ihn so oft wie möglich an. Und wenn ihm aus Versehen mal etwas gelingt, loben sie ihn. Frank weiß: Er tut ihnen leid, deshalb spielen sie mit ihm. Und er weiß auch, daß sie das für Burkie und Burkies Keule tun, nicht für ihn. Doch das stört ihn nicht. Für diese Jungen, die alle wesentlich älter sind als er, wird er immer Burkies Keule sein, noch in zehn Jahren. Aber in dem Verein, in dem er eines Tages Fußball spielen wird, da wird er Frank sein.

Als Gisela kommt, um Hotte zu holen, ist das Spiel vorüber. Franks Mannschaft hat verloren – 8:3. Gemeinsam mit Hotte und Gisela verläßt Frank den Platz.

»Haste mitgespielt?« will Gisela wissen.

Frank nickt. Er hat!

»Und haste 'n Tor geschossen?« Gisela legt den Kopf schief. Auf ihren Wangen erscheinen Grübchen. Sie kann sich denken, daß es dazu nicht gereicht hat.

Doch Frank läßt sich nicht auf den Arm nehmen. »Es ist nicht wichtig, wer die Tore schießt, wichtig ist, daß die Mannschaft gewinnt«, sagt er – und bangt: Hoffentlich fragt Gisela jetzt nicht, ob seine Mannschaft gewonnen hat.

Gisela aber fragt nichts mehr, sie ist beeindruckt. Und Hotte schmunzelt nur. Er weiß, von wem Frank diesen Satz hat.

Als Frank die Gaststube betritt, fühlt er sich größer, erwachsener. Er hat mit den Großen gespielt, und Hotte will mit ihm trainieren, will ihm Tricks beibringen; Tricks, die er von Burkie gelernt hat. Und im Herbst will er ihn dann zu Herrn Kroll begleiten, damit der ihn in die Knabenmannschaft des SC Nordring aufnimmt.

Erst als Frank Mutters entsetzte Augen bemerkt, wird ihm sein Aufzug bewußt. Er senkt den Kopf und läßt sich von ihr ins Hinterzimmer schieben. Er bekommt eine Ohrfeige, eine zweite und noch eine. Er schaut nicht auf. Diese Ohrfeigen hat er verdient. Er versteht die Mutter. Ob sie ihn auch verstehen wird?

»Sag mir, daß du nie wieder Fußball spielst.«

Frank schweigt. Das kann er nicht sagen. Er will so werden, wie Burkie war. Wie soll er das, ohne Fußball?

Die Mutter packt Frank am Kragen, schubst ihn mitsamt Ball und Fußballdreß in den Abstellraum und schließt hinter ihm zu. »Du spielst nicht Fußball! Du nicht! Hörst du?«

Frank wartet. Er weiß, die Mutter wird wiederkommen, sie wird sich beruhigen und wiederkommen. Er setzt sich auf den Ball und lehnt den Rücken an die Wand. Und richtig, es dauert nicht lange, und die Tür geht wieder auf. Mutters ernstes Gesicht prüft ihn: »Du hast nicht geweint?«

Frank hat nicht geweint.

Die Mutter geht mit ihm in die Küche. »Verstehst du denn nicht, daß ich Angst um dich habe? Ich will doch nicht noch einen Jungen verlieren.«

Es ist ein sehr fester Blick, mit dem Frank die Mutter ansieht, ein Blick, den er Burkie abgeschaut hat. Und auch das, was er nun sagt, hat der Bruder schon mal gesagt – an jenem

Tag, an dem die Mutter die Wahrheit erfuhr und er ins Krankenhaus mußte: »«Es spielen doch so viele Jungen Fußball… das mit Burkie, das war doch bloß ein Unfall.«

Verwirrt wendet die Mutter sich ab und macht sich Kaffee. Das gibt ihr Zeit zum Nachdenken. Dann dreht sie sich wieder um und guckt Frank traurig an. »Aber vorsehen mußt du dich, hörst du? Stürz dich nicht ins größte Kampfgetümmel, setz nicht all deinen Ehrgeiz ein. Es gibt viele schöne Dinge im Leben, nicht nur Fußball.«

Sie hätte noch mehr gesagt, wenn Onkel Willi sie nicht unterbrochen hätte. Sein dringender Blick, die Bitte, doch gleich einmal in den Laden zu kommen. Sie seufzt und nickt: »Ich komme gleich.«

Nachbemerkung zur Neuausgabe von »Brüder wie Freunde«

Seit das Buch 1978 zum erstenmal erschien, hat es eine große Anzahl Leser gefunden. In vielen Veranstaltungen mit Kindern, Jugendlichen und Erwachsenen habe ich aus dem Text vorgelesen und mich danach mit meinen Zuhörern darüber unterhalten. Manche Kinder haben mir auch Briefe geschrieben. Und besonders oft tauchte dabei die Frage auf: Ist die Geschichte von Burkhard und Frank wahr – oder *nur* erfunden?

Die meisten Kinder sagten oder schrieben mir: Wenn die Geschichte nur erfunden ist, hätte der Autor Burkie wieder »gesund machen müssen«. Wenn sie erfahren, daß sich, was ich in diesem Buch schildere, Mitte des Jahres 1950 tatsächlich so zugetragen hat, bestätigen sie mir, daß ein Autor nicht schwindeln darf, nur um eine Geschichte »schöner« zu machen.

Der siebenjährige Frank erlebt, was der siebenjährige Klaus erlebt hat. Er wächst in meiner Zeit auf und in meiner Umwelt und denkt, fühlt und handelt manchmal, wie ich (nach meiner Erinnerung) als Kind dachte, fühlte und handelte – oft aber auch ganz anders, denn das Buch ist ein Roman, und Frank und alle anderen darin dargestellten Personen sind literarische Figuren.

Selbst wenn ich das gewollt hätte, wäre es mir nicht möglich gewesen, »Frank«, »Burkhard« und all die anderen mir so nahen Personen dieses Buches *wirklichkeitsgetreu* zu schildern. Ich weiß nicht, wie ich *wirklich* war als Siebenjähriger, und mir ist klar, daß sich das Bild meines Bruders, der Wolfgang hieß, in den vielen Jahren, die seither vergangen sind, sicher sehr verschoben hat, obwohl ich gegen jede Verklärung angeschrieben habe. Das gleiche trifft auch auf die Figuren der Mutter und der Tante zu.

Ich habe das Buch für die Neuausgabe nur im Hinblick auf Sprache und Stil überarbeitet, habe manches ergänzt und nur weniges, unwesentliches weggelassen.

Zum Schluß noch ein Hinweis: Berliner Schulklassen, die dieses Buch als Klassenlektüre gelesen haben, ziehen manchmal auf Spurensuche durch den Prenzlauer Berg. Sie wandern durch die Straßen, die in der Geschichte eine Rolle spielen, und fragen ältere Leute nach der *Gemütlichen Ecke*. Ihnen sei gesagt, daß der Nordmarkplatz heute Fröbelplatz heißt und die *Gemütliche Ecke* in Wahrheit *Zum ersten Ehestandsschoppen* hieß, weil gleich neben dem Bezirksamt auch damals schon das Standesamt lag. Aus der ehemaligen Eckkneipe ist allerdings schon vor über dreißig Jahren ein *Schuh-Expreß* geworden.

Die einst so belebte und von vielen Kindern bevölkerte Raumerstraße trägt noch den gleichen Namen, Kinder aber gibt es dort kaum noch. Im Laufe der letzten dreißig Jahre sind die meisten jungen Leute aus den alten Häusern fortgezogen, fast alle Geschäfte haben schließen müssen, überall fällt der Putz von den Hauswänden. Kinder, die heute zwischen Schönhauser und Prenzlauer Allee wohnen, haben mir gesagt, daß sie sich für ihre Gegend schämen. Meinen Widerspruch duldeten sie nicht.

Zum Glück hat schon vor einigen Jahren eine gegenläufige Entwicklung eingesetzt. Gerade weil am »Prenzelberg« vieles so zerfallen und marode ist, fühlen sich manche jungen Leute dorthingezogen. Sie wollen erhalten und restaurieren, was so viele Jahre lang dem Zerfall preisgegeben war. Wir dürfen also hoffen, daß dieser alte Berliner Stadtteil bald wieder zu neuem Leben erwacht.

Ich wünsche mir das. Vor allem aber wünsche ich es den Franks, Burkhards, Monis, Giselas und Hottes von heute.

Berlin, im Sommer 1991 *Klaus Kordon*

Inhalt

»Kinderbibliothek«

Hans Christian Andersen
Mutter Holunder und andere Märchen
Aus dem Dänischen von Albrecht Leonhardt
Mit farbigen Bildern von Sabine Friedrichson
Nachwort von Hans-Joachim Gelberg
200 Seiten, Pappband (79501)

Tonke Dragt
Der Brief für den König
Abenteuer-Roman. 400 Seiten, Pappband (79509)

Janosch
Das kleine Panama-Album
Der kleine Bär und der kleine Tiger und ihre Abenteuer
Mit farbigen Bildern von Janosch
144 Seiten, Pappband (79502)

Juri Korinetz
In der Mitte der Welt
Geschichten, erzähltes Leben
Ausgewählt von Hans Baumann
Aus dem Russischen von Hans Baumann und Rosemarie Reichert
Mit Bildern von Anne Bous und Sabine Friedrichson
168 Seiten, Pappband (79503)

Erwin Moser
Fabulierbuch
Geschichten und viele farbige Bilder
Ausgewählt aus den Kinderbüchern des Autors
Mit einem Nachwort von Erwin Moser
166 Seiten, Pappband (79504)

Beltz & Gelberg
Beltz Verlag, Postfach 100154, 6940 Weinheim

Christine Nöstlinger
Eine mächtige Liebe
Geschichten für Kinder
208 Seiten, Pappband (79511)

Christine Nöstlinger
Hugo, das Kind in den besten Jahren
Phantastischer Roman
Mit Kapitelbildern von Jutta Bauer
320 Seiten, Pappband (79505)

Christine Nöstlinger
Maikäfer, flieg!/Zwei Wochen im Mai
Zwei Romane in einem Band
416 Seiten, Pappband (79506)

Simon & Desi Ruge
Katze mit Hut/Neues von der Katze mit Hut
Zwei Romane in einem Band
344 Seiten, Pappband (79507)

Arnulf Zitelmann
»Kleiner-Weg«
Abenteuer-Roman aus der Frühzeit
Mit einem Nachwort des Autors
und Bildtafeln von Willi Glasauer
200 Seiten, Pappband (79510)

Daumesdick
Neuer Märchenschatz mit vielen Bildern
Hrsg. von Hans-Joachim Gelberg
336 Seiten, Pappband (79508)

Beltz & Gelberg
Beltz Verlag, Postfach 100154, 6940 Weinheim